Secrets de grand-mère

Cuisiner
avec les plantes aromatiques

Éditions Eyrolles
61, bd Saint-Germain
75240 Paris cedex 05
www.editions-eyrolles.com

Illustrations : Bénédicte Beaujouan
Mise en pages : Istria

Le code de la propriété intellectuelle du 1er juillet 1992 interdit en effet expressément la photocopie à usage collectif sans autorisation des ayants droit. Or, cette pratique s'est généralisée notamment dans l'enseignement, provoquant une baisse brutale des achats de livres, au point que la possibilité même pour les auteurs de créer des œuvres nouvelles et de les faire éditer correctement est aujourd'hui menacée. En application de la loi du 11 mars 1957, il est interdit de reproduire intégralement ou partiellement le présent ouvrage, sur quelque support que ce soit, sans autorisation de l'Éditeur ou du Centre Français d'Exploitation du Droit de copie, 20, rue des Grands-Augustins, 75006 Paris.

© Groupe Eyrolles, 2008
ISBN : 978-2-212-54111-3

Philippe Chavanne

Secrets de grand-mère

Cuisiner
avec les plantes aromatiques

EYROLLES

Chez le même éditeur

Dans la même collection :
- *Se soigner au naturel*, Dr Dominique-Jean Sayas

Dans la collection Les essentiels Marmiton :
- *Amusez-vous avec les herbes et les épices*, Claire Debruille
- *Amusez-vous avec les crèmes et les sauces*, Christophe Duhamel
- *Amusez-vous avec les cuissons*, Thibaut Mollaret

Sommaire

Introduction 9

1. Les soupes, crèmes et potages 11
    Crème de poireaux à la mélisse 13
    Gaspacho au basilic 14
    Potage des Flandres au cerfeuil haché 15
    Soupe à l'oseille et à l'avocat 16

2. Les entrées chaudes et froides 17
    Beignets aux olives et à la marjolaine 19
    Boulettes de chèvre frais et graines de luzerne 20
    Fromage de brebis au carvi 21
    Fromage de brebis au laurier 22
    Galette de sarrasin au roquefort et aux noix 23
    Roquette aux figues 24
    Roquette aux tomates confites et aux cèpes 25
    Salade à l'oignon rouge et aux germes de luzerne 26
    Salade à l'origan 27
    Salade avocat-poulet, à la ricotta et à la ciboulette 28
    Salade de poulpe à l'ail 29
    Soufflé au reblochon et à la cardamome 30
    Tarte à la moutarde 31
    Yaourt au concombre, aux amandes et à la bourrache 32

3. Les poissons, coquillages et crustacés 33
    Coquilles Saint-Jacques à la mélisse 35
    Homards aromatisés à la sarriette 36
    Loup au basilic 37
    Moules à la citronnelle 38
    Rougets au thym 39
    Saumon à la persillade 40

Saumon poché au thé vert et à la camomille 41

Tartare de Saint-Jacques à la ciboulette 42

4. Les volailles et gibiers 43

Blancs de poulet sautés à la coriandre 45

Cailles rôties aux baies de genièvre 46

Canard à la moutarde 47

Fricassée de poulet au cresson 48

Lapin au romarin 49

Lapin aux deux poivrons 50

Oie à l'armoise 51

Poulet à la crème et à l'estragon 52

Poulet au gingembre 53

Poulet au laurier 54

Poulet rôti au yaourt et aux piments 55

Rissoles de poulet au thym 56

5. Les viandes 57

Agneau au miel et au safran 59

Bœuf au fromage de brebis et à l'origan 60

Bœuf grillé à la citronnelle 61

Échine de porc rôtie au miel d'eucalyptus 62

Émincés de veau sautés au jambon cru et à la sauge 63

Médaillons de veau au vin rouge et au romarin 64

Steaks au poivre 65

6. Les légumes et accompagnements 67

Artichauts à la barigoule 69

Artichauts aux oranges 70

Asperges au four, au gruyère et aux pignons de pin 71

Betteraves au vinaigre parfumé au carvi 72

Cardons à l'ail et aux anchois 73

Cardons au curry 74

Chiffonnade de scarole aux piments 75

Chou-fleur au gingembre 76

Concombre sauté à la trévise et à l'aneth 77

Concombre à la sauce verte au cerfeuil 78

Fenouil à l'orange 79

Mitonnée d'oseille à la crème 80
Poivrons au riz parfumé aux herbes 81
Polenta gratinée au parmesan et à la sauge 82
Pommes de terre au genièvre 83
Pommes de terre sautées à la marjolaine 84
Pourpier aux œufs durs 85
Salade d'épinards et de bourrache 86
Salade de pissenlits au fromage blanc 87
Salade de pissenlits aux pommes de terre et aux lardons 88
Salade de pommes de terre au haddock et à l'aneth 89
Salade de pourpier aux oignons nouveaux 90
Tarte aux courgettes et au fenouil 91
Tarte aux oignons et au miel 92

7. Les sauces et condiments 93
Confit d'oignons à l'aigre-doux 95
Sauce aïoli 96
Sauce au cresson 97
Sauce au persil 98
Sauce au poivre vert 99
Sauce moutarde à l'estragon 100
Vinaigrette au gingembre et à la coriandre 101
Vinaigrette au vinaigre de cidre et à l'huile de tournesol 102

8. Les desserts, gourmandises et boissons 103
Angélique confite 105
Beignets de fleurs d'acacia 106
Biscotins aux amandes 107
Cake à l'abricot et aux graines de tournesol 108
Clafoutis aux fraises et au chocolat parfumé de lavande 109
Compote d'abricots aux amandes et au tilleul 110
Compote épicée à la cardamome 111
Galette à l'angélique 112
Galettes de sarrasin aux pommes 113
Gâteau aux fruits et au safran 114
Glace à la lavande 115
Granité à la menthe 116

Granité au café et à la cannelle 117
Liqueur au thym et à la sarriette 118
Melon à la menthe 119
Pastis occitan à l'armoise 120
Poires et figues au tilleul 121
Rochers à la cannelle 122
Salade de fruits frais à la camomille 123
Tartare de pommes vertes au miel d'acacia 124
Tarte aux pignons de pin 125
Tofu au miel et aux feuilles d'eucalyptus 126
Tourte aux amandes 127

Cahier botanique : 50 herbes et plantes 129

Lexique des principaux termes de cuisine utilisés 181

Index alphabétique des herbes et plantes 185

Introduction

Dame nature, avec une grande générosité, a mis à la disposition des hommes une incroyable diversité d'herbes et de plantes aux vertus et aux attraits exceptionnels.

Nombre d'entre elles sont connues depuis les premières années de l'espèce humaine pour leurs propriétés thérapeutiques. Ainsi, dès l'Antiquité, les médecins et scientifiques grecs, romains, égyptiens, arabes ou chinois ne tarissent pas d'éloges à propos de l'aneth qui calme le hoquet, de la coriandre et de la sauge qui allongent la vie, de l'origan qui est un excellent antiseptique, du tilleul qui soigne la peau... Aujourd'hui encore, la plupart de ces herbes et l'immense majorité de ces plantes sont utilisées de manière très efficace par les médecines douces ou en aromathérapie.

Au fil des périodes, d'autres végétaux ont été parés de pouvoirs parfois mystérieux. Croyances et superstitions se sont ajoutées au réel pouvoir thérapeutique de certaines plantes.

Par exemple, la menthe a toujours symbolisé la sagesse, tandis que le thym avait la réputation de donner du courage aux légionnaires romains face à l'ennemi. La sarriette, comme la roquette étaient parées de vertus aphrodisiaques. Selon l'empereur Tibère, le laurier protégeait des orages et c'est pour cela qu'il s'en coiffait dès les premiers coups de tonnerre.

Plus tard, au Moyen Âge, les baies de genévrier avaient la réputation de chasser les sorcières, le fenouil empêchait l'intrusion des revenants et le pourpier aidait à lutter contre les esprits maléfiques...

Cependant, qu'elles soient utilisées pour lutter contre les mauvais esprits ou pour adoucir des maux bien réels, d'innombrables herbes et plantes ont aussi trouvé de délicieuses - et parfois surprenantes - utilisations gastronomiques.

Que serait la cuisine méridionale sans l'ail, le thym ou le fenouil ? Peut-on imaginer un pistou ou une sauce napolitaine sans basilic ? Le laurier n'est-il pas l'indétrônable roi du bouquet garni ? Le saumon fumé n'apprécie-t-il pas la compagnie de l'aneth ? La soupe au cerfeuil ne reste-t-elle pas l'un des grands classiques de la bonne cuisine familiale ?

Au fil des pages qui suivent, 100 recettes variées et commentées - aussi faciles à réaliser que succulentes à déguster – vous permettront de mieux connaître et de cuisiner des herbes et plantes agréables à cultiver, faciles à trouver et amusantes à préparer. Organisées par familles (soupes, entrées, poissons, volailles...), ces recettes sont accompagnées de nombreux secrets de cuisine (« Grand-mère conseille »).

Dans la seconde partie du livre, cinquante herbes et plantes sont passées en revue : leur culture et leurs utilisations culinaires n'auront plus aucun secret pour vous !

1.
LES SOUPES, CRÈMES & POTAGES

Crème de poireaux à la mélisse

Pour 4 personnes – Préparation : 55 min

Ingrédients

- 2 poireaux
- 1 oignon
- 1 pomme de terre
- 1 citron non traité
- 1 poignée de mélisse
- 1 pincée de gingembre en poudre
- 8 cuillères à soupe de crème épaisse
- 12 cl de fond de volaille
- Sel et poivre

Préparation

Zestez et pressez le citron. Épluchez la pomme de terre et coupez-la en quartiers. Épluchez et émincez l'oignon. Retirez le vert des poireaux et coupez-les en tronçons.

Versez un peu d'eau dans une casserole et mettez-la sur le feu. Ajoutez l'oignon et les poireaux, puis la mélisse ciselée. Couvrez et faites cuire quelques minutes à feu très doux afin que les ingrédients rendent leurs sucs.

Versez le fond de volaille dans la casserole et ajoutez la pomme de terre. Faites mijoter à feu moyen jusqu'à ce que celle-ci soit cuite. Mixez la préparation. Salez et poivrez selon votre goût, puis ajoutez un filet de jus de citron.

Fouettez la crème épaisse, ajoutez le gingembre et quelques zestes de citron blanchis à l'eau bouillante.

Versez alors la crème à la mélisse dans des assiettes creuses individuelles, ajoutez dans chaque assiette une généreuse cuillerée de crème fouettée et servez aussitôt.

Grand-mère conseille

Au moment de servir, vous pouvez ajouter un peu de mélisse ciselée et quelques rondelles de poireau dans chaque assiette.

Gaspacho au basilic

Pour 4 personnes – Préparation : 20 min

Ingrédients

- 4 tomates
- 2 gousses d'ail
- 1 poivron rouge
- 1 poivron vert
- 1 oignon blanc
- 1 concombre
- 1 botte de basilic frais
- Piment de Cayenne en poudre
- Sel et poivre

Préparation

Lavez soigneusement les tomates, retirez le pédoncule et coupez les légumes en quatre. Conservez-les au frais.

Épluchez et émincez l'oignon. Retirez le pédoncule des poivrons, puis coupez ceux-ci en deux et retirez toutes les graines ainsi que les filaments blancs et durs. Coupez la chair des poivrons en fines lamelles. Ajoutez-les aux tomates, avec l'oignon émincé.

Pelez les gousses d'ail, retirez le germe. Épluchez le concombre et coupez-le en quatre. Ajoutez le tout aux autres ingrédients et mixez avant de passer la préparation au chinois.

Assaisonnez ensuite celle-ci de piment de Cayenne, de sel et de poivre selon votre convenance.

Ciselez finement le basilic et ajoutez-le à la préparation seulement au moment de servir, très frais.

Grand-mère conseille

Évitez de préparer à l'avance du gaspacho en grande quantité : les légumes mixés ont tendance à fermenter très rapidement.

Potage des Flandres au cerfeuil haché

Pour 6 personnes – Préparation : 1 h 50 min

Ingrédients

- 500 g de pommes de terre
- 500 g de navets
- 200 g de pain de mie légèrement rassis
- 1,75 litre d'eau
- 2 cuillères à café de cerfeuil haché
- Sel et poivre

Préparation

Épluchez les pommes de terre ainsi que les navets, puis coupez-les en morceaux de taille moyenne.

Versez 1,75 litre d'eau froide dans une casserole et plongez-y les légumes, ainsi que le pain de mie.

Assaisonnez de sel et de poivre selon votre goût, puis laissez cuire à petit feu pendant 90 minutes environ.

À la fin de la cuisson, passez soigneusement la préparation au tamis avant de la transvaser dans une soupière.

Au moment de servir, parsemez de cerfeuil haché.

Mélangez et servez aussitôt.

Grand-mère conseille

Pour que les feuilles de cerfeuil conservent un maximum d'arôme, coupez-les en petits fragments à l'aide d'une paire de ciseaux. Attention ! n'oubliez pas que cette préparation très classique, mais cependant toujours appréciée, ne peut pas être congelée.

Soupe à l'oseille et à l'avocat

Pour 4 personnes – Préparation : 10 min

Ingrédients

- 150 g d'oseille hachée surgelée
- 2 avocats
- 1 citron
- 70 cl de bouillon de volaille
- 10 cl de crème fraîche
- Sel et poivre

Préparation

Disposez l'oseille dans une casserole et dégelez-la à feu très doux.

Coupez les avocats en deux et dénoyautez-les. Pelez-les et arrosez-les d'un filet de jus de citron pour éviter qu'ils noircissent. Passez leur chair au mixeur afin de la réduire en purée tout en incorporant peu à peu le bouillon de volaille.

Versez la préparation obtenue dans la casserole contenant l'oseille et faites chauffer à feu doux, sans laisser bouillir.

Goûtez la préparation et rectifiez l'assaisonnement en sel et en poivre si cela s'avère nécessaire. À ce moment-là, ajoutez la crème fraîche, mélangez et servez aussitôt.

Grand-mère conseille

À l'achat, privilégiez un avocat lourd, sans tache et un peu ferme : il se conservera d'autant mieux. Il mûrira vite si vous l'enveloppez dans du papier journal et le maintenez à une température supérieure à 7 °C. Autre procédé : enfermez l'avocat dans un sac en plastique avec quelques pommes, il sera mûr en 48 heures.

2. LES ENTRÉES CHAUDES & FROIDES

Beignets aux olives et à la marjolaine

Pour 4 personnes – Préparation : 30 min

Ingrédients

- 500 g de farine fermentante
- 3 verres d'huile d'olive extra-vierge
- 1 oignon
- 1/2 tasse d'olives noires
- 1/2 tasse d'olives vertes
- 1 cuillère à café de marjolaine ciselée
- Sel et poivre

Préparation

Dénoyautez les olives vertes et noires, puis coupez-les en deux. Épluchez et émincez finement l'oignon.

Dans un grand bol, mélangez la marjolaine, les oignons et les olives, puis assaisonnez le tout de sel et de poivre selon votre goût.

Ajoutez alors la farine, puis travaillez tous ces ingrédients à la main de manière à bien faire pénétrer la farine. Versez un peu d'eau tiède, petit à petit, jusqu'à obtention d'une pâte moyennement ferme.

Prélevez des cuillerées de la pâte obtenue et versez-les dans l'huile chaude.

Faites blondir les beignets sur les deux faces puis, dès qu'ils sont cuits, retirez-les de la poêle et essuyez-les soigneusement sur du papier absorbant.

Procédez ainsi jusqu'à épuisement de la préparation.

Grand-mère conseille

Savourez ces délicieux beignets avec du tzatziki ou du yaourt grec. Servez-les chauds ou froids, en fonction du goût ou de l'envie de chacun.

Boulettes de chèvre frais et graines de luzerne

Pour 2 personnes – Préparation : 45 min

Ingrédients

- 200 g de fèves fraîches
- 200 g de haricots verts frais
- 200 g d'asperges vertes
- 75 g de chèvre frais
- 4 cuillères à soupe d'huile d'olive extra-vierge
- 3 cuillères à soupe de vinaigre balsamique
- 2 cuillères à soupe de graines de luzerne

Préparation

Faites bouillir les fèves fraîches pendant une ou deux minutes afin qu'elles soient tendres, mais encore un peu fermes. Ensuite, faites également bouillir, séparément, les haricots verts et les asperges. Enfin, passez tous les légumes sous un filet d'eau froide afin d'arrêter leur cuisson.

Coupez les asperges et les haricots verts en tronçons d'environ 3 centimètres de long. Versez alors tous les légumes dans un plat creux et mélangez-les.

Dans un bol, émulsionnez le vinaigre balsamique et l'huile d'olive. Versez le mélange obtenu sur les légumes et remuez délicatement. Répartissez la préparation dans des assiettes individuelles.

Confectionnez deux boules, bien formées, avec le fromage de chèvre. Roulez chaque boule dans les graines de luzerne de manière à ce que celles-ci recouvrent généreusement les boules de fromage.

Déposez alors ces boules enrobées sur les lits de légumes et servez aussitôt.

Grand-mère conseille

Petite gourmandise supplémentaire : ajoutez dans chaque assiette quelques olives de Kalamata et saupoudrez le tout avec un peu de romarin.

Fromage de brebis au carvi

Pour 4 personnes – Préparation : 30 min + 12 h de macération

Ingrédients

- 200 g de fromage de brebis
- 50 g de beurre
- 3 tranches de pain complet
- 4 cuillères à soupe de sirop de fruits
- 1 cuillère à soupe de graines de carvi
- 1 cuillère à soupe d'eau-de-vie de carvi
- 2 cl de kirsch
- Sucre
- Ail
- Fanes de radis
- Sel et piment de Cayenne

Préparation

Passez le fromage de brebis au travers d'une passoire. Malaxez-le ensuite très soigneusement en y ajoutant le beurre, le kirsch, une pincée de sucre, une toute petite pincée de sel ainsi qu'une autre pincée de piment de Cayenne. Le mélange doit être bien homogène.

Émiettez le pain complet le plus finement possible.

Confectionnez des cubes de fromage et roulez-les dans le pain.

Faites gonfler le carvi pendant 12 heures environ dans l'eau-de-vie, puis mélangez le tout avec le sirop de fruits.

Disposez les cubes de fromage sur des assiettes individuelles et nappez-les avec le mélange au carvi. Garnissez chaque assiette avec des fanes de radis et de l'ail épluché, à volonté. Servez aussitôt.

Les entrées chaudes et froides

Grand-mère conseille

Cette préparation est encore meilleure présentée avec quelques épaisses tranches de pain de campagne ou de pain complet, agrémenté d'un excellent beurre de ferme et accompagné d'une bonne bière artisanale de caractère, style trappiste.

Fromage de brebis au laurier

Pour 4 personnes – Préparation : 20 min + 24 h de repos

Ingrédients

- 250 g de fromage de brebis frais
- 12 feuilles de laurier
- 25 cl de vin blanc sec
- Sel et poivre

Préparation

Mettez le fromage dans un bol, assaisonnez de sel et poivre selon votre goût et mélangez tous les ingrédients à la fourchette. Formez une boule aplatie avec le mélange obtenu.

Versez le vin dans un poêlon, ajoutez-y les feuilles de laurier et ramollissez-les en les cuisant légèrement dans le vin. Piquez les feuilles avec des petites broches en bois et fixez-les sur la boule de fromage, de manière à la recouvrir complètement. Enveloppez alors celle-ci dans une mousseline.

Déposez-la, enveloppée, dans un plat en céramique et versez le vin refroidi par-dessus. Couvrez, glissez au réfrigérateur et laissez reposer pendant 24 heures.

Au moment de servir, sortez le fromage du réfrigérateur, retirez la mousseline, enlevez les broches en bois et les feuilles de laurier.

Grand-mère conseille

Les feuilles de laurier doivent toujours être conservées à l'abri de la lumière. Contrairement aux feuilles fraîches, les feuilles séchées perdent assez vite leur arôme.

Galette de sarrasin au roquefort et aux noix

Pour 1 galette – Préparation : 15 min

Ingrédients

- 30 g de roquefort
- 20 g de raisins secs
- 4 noix sèches
- 1 galette de sarrasin
- 2 cuillères à soupe de vin blanc
- 1 cuillère à soupe de crème fraîche
- Beurre
- Poivre

Préparation

Dans un petit bol, mélangez intimement le roquefort avec la crème fraîche. Assaisonnez cette préparation de poivre à votre convenance.

Faites tremper les raisins secs dans les deux cuillères à soupe de vin blanc.

Cassez les noix et détaillez les cerneaux en deux ou trois morceaux.

Mettez la galette de sarrasin dans une poêle et réchauffez-la pendant 30 secondes sur chaque face. Beurrez-la, puis étalez dessus la crème au roquefort. Parsemez généreusement de morceaux de noix, puis pliez la galette en ramenant deux côtés opposés, de manière à laisser apparaître la garniture au centre.

Égouttez soigneusement les raisins secs et épongez-les.

Servez la galette bien chaude, accompagnée des raisins secs présentés en garniture.

Grand-mère conseille

Sortez le roquefort du réfrigérateur au moins une heure avant de l'utiliser. Si vous préférez, vous pouvez remplacer le vin blanc par la même quantité de cognac.

Roquette aux figues

Pour 4 personnes – Préparation : 15 min

Ingrédients

- 4 figues
- 4 tranches de jambon de Parme
- 1 roquette
- 1 oignon
- 1 orange
- 3 cuillères à soupe d'huile d'olive extra-vierge
- 1 cuillère à café de vinaigre balsamique
- Sel et poivre

Préparation

Lavez les figues, puis coupez-les ensuite en tranches assez fines. Taillez le jambon de Parme en lamelles. Rincez la roquette, puis essorez-la.

Mettez tous ces ingrédients dans un grand plat creux.

Épluchez et hachez grossièrement l'oignon. Coupez l'orange en deux et pressez le fruit. Versez le jus obtenu dans un bol, assaisonnez de sel et de poivre en prenant soin de goûter, puis ajoutez l'oignon haché, le vinaigre balsamique et l'huile d'olive. Émulsionnez le tout à la fourchette.

Versez cette sauce sur la salade, tournez et servez aussitôt.

Grand-mère conseille

Si vous avez des figues sèches dans vos placards, sachez qu'elles se conservent très longtemps sans le moindre problème. Du moins si vous prenez la précaution de les enfermer dans une boîte métallique (surtout pas en plastique) qui ferme bien hermétiquement. Avant de fermer ce récipient, glissez une petite feuille de laurier parmi les figues.

Roquette aux tomates confites et aux cèpes

Pour 4 personnes – Préparation : 15 min

Ingrédients

- 4 poignées de roquette
- 4 gros cèpes
- 2 citrons
- 4 cuillères à soupe d'huile d'olive extra-vierge
- 2 cuillères à soupe de tomates confites
- Fleur de sel et poivre

Préparation

Nettoyez et émincez les champignons. Pressez les citrons. Versez la moitié du jus obtenu dans un bol et l'autre moitié dans une assiette creuse. Mettez les cèpes dans l'assiette creuse contenant le jus de citron et laissez-les mariner.

Rincez la roquette et essorez-la. Coupez les tomates confites en petits dés.

Versez l'huile d'olive dans le bol contenant le jus de citron et mélangez cette sauce.

Disposez la roquette dans quatre coupelles individuelles. Répartissez équitablement des lamelles de champignon et des dés de tomates confites. Arrosez ensuite le tout avec la sauce, puis saupoudrez de fleur de sel et assaisonnez de poivre selon votre sensibilité. Servez frais immédiatement.

Grand-mère conseille

Si vous utilisez des cèpes en boîte, ceux-ci doivent impérativement être trempés dans de l'eau très chaude (mais pas bouillante) pour les débarrasser de leur enduit gluant. Après les avoir trempés, égouttez-les soigneusement sur du papier absorbant.

Salade à l'oignon rouge et aux germes de luzerne

Pour 4 personnes – Préparation : 15 min

Ingrédients

- 45 g de germes de luzerne
- 1 oignon rouge
- 1 orange
- 1 cuillère à soupe de jus de citron fraîchement pressé
- 1 cuillère à soupe d'huile de maïs
- 1 cuillère à café d'huile d'olive extra-vierge
- 1 cuillère à café de thym frais
- Sel et poivre

Préparation

Épluchez l'oignon, émincez-le finement et séparez les anneaux.

Pelez l'orange à vif (en retirant la peau blanche et la membrane qui entoure la chair) au-dessus d'un bol afin de recueillir le jus. Coupez le fruit en quartiers. Réservez-les.

Tout en remuant, ajoutez dans le même bol le jus de citron, l'huile d'olive, l'huile de maïs et le thym. Assaisonnez de sel et de poivre à votre convenance, puis battez cette sauce au fouet.

Disposez les anneaux de l'oignon dans un plat creux. Versez dessus la moitié de la sauce et mélangez.

Dans un autre plat creux, tournez les germes de luzerne dans le reste de la sauce.

Disposez ensuite un lit de rondelles d'oignon sur quatre assiettes individuelles. Au centre de chacune, ajoutez un quart des germes de luzerne et entourez-les avec les quartiers d'orange. Servez aussitôt.

Grand-mère conseille

Présentez cette salade, riche en vitamines, en entrée. Elle ravira celles et ceux qui sont à la recherche de préparations saines et savoureuses.

Salade à l'origan

Pour 4 personnes – Préparation : 15 min

Ingrédients

- 8 champignons blancs
- 8 fonds d'artichauts cuits
- 4 tomates
- 1 gousse d'ail
- 1/2 citron
- 4 cuillères à soupe d'huile d'olive extra-vierge
- 1 cuillère à soupe de vinaigre balsamique
- 1 cuillère à soupe d'origan
- Sel et poivre

Préparation

Pelez les tomates, équeutez-les et coupez-les en fines tranches avant de les disposer sur un plat. Coupez les fonds d'artichauts en quatre et mettez-les également sur le plat.

Pressez le demi-citron. Lavez et essuyez les champignons, puis citronnez-les afin qu'ils ne noircissent pas. Ajoutez-les dans le plat.

Pelez la gousse d'ail, puis écrasez-la au-dessus d'un petit bol. Assaisonnez de sel et de poivre à votre convenance, puis ajoutez l'origan, le vinaigre balsamique et l'huile d'olive. Battez tous ces ingrédients à la fourchette afin de bien les émulsionner, puis versez la sauce obtenue sur les légumes. Servez aussitôt.

Grand-mère conseille

Si vous voulez conserver de l'origan, plusieurs moyens s'offrent à vous : vous pouvez sécher ou congeler les feuilles et les fleurs. Vous pouvez aussi les faire mariner dans de l'huile ou du vinaigre.

Salade avocat-poulet, à la ricotta et à la ciboulette

Pour 4 personnes – Préparation : 50 min

Ingrédients

- 1 chicorée de Trévise
- 250 g de ricotta
- 4 blancs de poulet, sans la peau
- 6 feuilles de basilic
- 1 tomate
- 1 ciboule émincée
- 1 avocat mûr
- 1/2 citron
- 2 cuillères à soupe de ciboulette ciselée
- 1 cuillère à soupe de yaourt nature
- 1 cuillère à café d'huile de maïs
- Sel et poivre noir

Préparation

Pelez et dénoyautez l'avocat. Citronnez-le pour l'empêcher de noircir. Lavez, équeutez, épépinez et hachez la tomate. Ciselez les feuilles de basilic.

Faites chauffer l'huile à feu très doux dans une poêle à fond épais. Salez et poivrez les blancs de volaille et disposez-les dans la poêle. Faites-les cuire pendant 5 minutes sur une face, puis de 3 à 4 minutes de l'autre côté. Transférez-les dans une assiette et glissez-les au réfrigérateur.

Dans un bol, mélangez la ricotta, le yaourt, la ciboulette et la ciboule. Couvrez et laissez reposer au frais pendant 30 minutes.

Disposez quelques feuilles de Trévise sur le fond des assiettes de service. Taillez les blancs de poulet en biais et disposez les tranches sur les lits de Trévise. Taillez l'avocat en lamelles et intercalez-les entre les tranches de poulet. Ajoutez une généreuse portion de fromage à la ciboulette et un peu de tomate hachée. Parsemez de basilic ciselé et servez aussitôt.

Grand-mère conseille

Pour cette préparation, choisissez un avocat bien mûr.

Salade de poulpe à l'ail

Pour 4 personnes – Préparation : 1 h 30 min

Ingrédients

- 1 poulpe d'environ 900 g
- 20 olives niçoises
- 4 gousses d'ail
- 3 échalotes
- 3 tomates
- 1 oignon
- 1 citron
- 1 bouquet garni
- 1 clou de girofle
- 1/2 bouquet de persil plat
- 4 cuillères à soupe d'huile d'olive extra-vierge
- Sel et poivre

Préparation

Épluchez l'oignon et piquez-y le clou de girofle. Rincez et battez énergiquement le poulpe à l'aide d'un rouleau à pâtisserie pour l'attendrir. Plongez-le dans une casserole d'eau froide, ajoutez l'oignon clouté, deux gousses d'ail en chemise et le bouquet garni. Portez à ébullition et faites cuire pendant une heure.

Rafraîchissez ensuite le poulpe dans de l'eau très froide et pelez-le complètement avant de le détailler en lanières. Déposez celles-ci dans un grand plat creux.

Épluchez et émincez les échalotes, puis ajoutez-les dans le plat, ainsi que les tomates équeutées et coupées en dés (avec leur jus) et le persil haché.

Pressez le citron au-dessus d'un bol et émulsionnez avec l'huile d'olive. Arrosez le poulpe avec cette sauce et mélangez. Assaisonnez de sel et de poivre à votre convenance.

Ajoutez enfin les olives et les dernières gousses d'ail épluchées et finement émincées. Servez aussitôt, bien frais.

Grand-mère conseille

Vous voulez éviter de pleurer en épluchant les échalotes ? Épluchez-les sous l'eau froide.

Soufflé au reblochon et à la cardamome

Pour 4 personnes – Préparation : 45 min

Ingrédients

- 120 g de reblochon
- 40 g de farine de maïs
- 2 œufs entiers
- 1 cuillère à café de cardamome
- 40 cl de lait
- Sel

Préparation

Écroûtez le reblochon, puis écrasez-le ou mixez-le. Cassez les œufs et séparez les blancs des jaunes. Battez ensuite les blancs en une neige très ferme.

Préchauffez le four à 150 °C.

Délayez la farine de maïs (Maïzena) avec le lait, puis faites épaissir le tout à feu doux. Ajoutez alors le fromage, la cardamome et un tout petit peu de sel. À ce moment-là, incorporez les jaunes d'œufs puis, avec beaucoup de délicatesse, les blancs d'œufs battus en neige.

Versez la préparation obtenue dans un moule à soufflé et enfournez. Faites cuire pendant une demi-heure environ. Servez dès la sortie du four, bien chaud.

Grand-mère conseille

Accompagnez ce soufflé — qui conviendra parfaitement aux végétariens — d'une salade frisée aux noix et il n'en sera que plus savoureux !

Tarte à la moutarde

Pour 4 personnes – Préparation : 50 min + 3 h 45 min de repos

Ingrédients

Pour la pâte :
- 250 g de farine
- 175 g de beurre
- 1 jaune d'œuf
- Sel

Pour la garniture :
- 100 g d'emmenthal
- 4 tranches de jambon blanc
- 4 tomates
- 2 cuillères à soupe de moutarde forte

Préparation

Préparez la pâte. Versez la farine dans un plat creux, creusez un puits au milieu, ajoutez le beurre en parcelles et un peu de sel. Malaxez du bout des doigts, puis incorporez le jaune d'œuf.

Pétrissez (en ajoutant éventuellement un peu d'eau) jusqu'à obtention d'une pâte souple. Ramassez-la en une boule, emballez-la dans un film alimentaire et laissez-la reposer au réfrigérateur pendant 3 heures.

Sortez la pâte du réfrigérateur et laissez-la 15 minutes à température ambiante avant de l'étaler. Garnissez-en alors un moule beurré et glissez celui-ci au réfrigérateur pendant 30 minutes.

Préchauffez le four à 210 °C.

Lavez les tomates et coupez-les en fines tranches. Coupez également le fromage en fines tranches.

Tartinez la pâte de moutarde, disposez dessus les tranches de jambon, les rondelles de tomate et le fromage. Enfournez et faites cuire pendant 30 minutes environ.

Grand-mère conseille

Pour conserver longtemps votre moutarde, rangez-la au frais, à l'abri de la lumière. Vous pouvez aussi la recouvrir d'une tranche de citron jaune : cela l'empêchera de dessécher.

Yaourt au concombre, aux amandes et à la bourrache

Pour 4 personnes – Préparation : 15 min + 1 h de repos

Ingrédients

- 1 tasse de feuilles et de pousses de bourrache
- 1/4 de tasse de fromage blanc
- 6 cuillères à soupe de yaourt
- 2 cuillères à soupe d'amandes pilées
- 2 cuillères à soupe d'huile d'olive extra-vierge
- Quelques morceaux de concombre
- 1 cuillère à soupe de jus de citron
- Sel

Préparation

Hachez finement les feuilles et les pousses de bourrache. Épluchez le concombre et coupez-le en très petits morceaux.

Versez le fromage blanc dans le bol d'un mixeur, puis ajoutez l'huile d'olive, le yaourt et le jus de citron. Mixez le tout pendant 3 minutes environ.

À ce moment-là, ajoutez les amandes, les morceaux de concombre et la bourrache hachée. Salez, puis mélangez délicatement tous les ingrédients à l'aide d'une spatule en bois. Au final, ils doivent être bien liés.

Répartissez la préparation obtenue dans des petits bols individuels et glissez-les au réfrigérateur. Laissez reposer au frais pendant une heure avant de servir.

Grand-mère conseille

Pour cette recette qui marie harmonieusement bourrache et concombre, privilégiez un fromage blanc doux. À l'instar des cuisinières de l'époque élisabéthaine qui ajoutaient des fleurs violettes de bourrache à leurs salades vertes, vous pouvez aussi décorer ce yaourt avec quelques fleurs de bourrache.

3.
LES POISSONS, COQUILLAGES & CRUSTACÉS

Coquilles Saint-Jacques à la mélisse

Pour 6 personnes – Préparation : 45 min

Ingrédients

Pour la sauce :
- 100 g de beurre
- 2 feuilles de mélisse
- 2 cuillères à soupe de pâte de curry
- 10 cl de champagne
- 8 cl de jus d'oranges fraîchement pressées
- Saké
- Sel

- 36 coquilles Saint-Jacques fraîches
- 2 carottes

Préparation

Ouvrez les coquilles Saint-Jacques, retirez le corail et rincez-le. Épluchez les carottes et coupez-les en rondelles. Faites cuire les coraux et les carottes à la vapeur. Mais, ne jetez pas l'eau de cuisson.

Préparez la sauce. Dans une casserole, faites chauffer la pâte de curry avec la mélisse. Versez le jus d'oranges et le champagne, puis mélangez ces ingrédients avec 30 centilitres du liquide de cuisson des coquilles Saint-Jacques. Faites chauffer de manière à réduire la sauce d'un quart environ.

Travaillez le beurre froid au fouet, puis relevez-le avec du saké (selon le goût) et une petite pointe de sel.

Dressez les coquilles Saint-Jacques sur les assiettes de service, ajoutez un peu de beurre aromatisé et nappez légèrement de sauce. Le reste de sauce sera présenté en saucière. Servez aussitôt.

Grand-mère conseille

Pour ouvrir une coquille Saint-Jacques sans couteau, glissez celle-ci quelques instants dans un four chaud. Elle s'ouvrira toute seule !

Homards aromatisés à la sarriette

Pour 2 personnes – Préparation : 1 h 20 min

Ingrédients

- 2 homards
- 6 branches de sarriette
- 125 g de beurre
- 2 branches de thym
- 5 cuillères à soupe de vinaigre de vin blanc
- 4 l de bouillon de légumes
- Quelques feuilles de sarriette pour la décoration
- Sel et poivre

Préparation

Versez le bouillon dans une casserole, ajoutez le thym, salez et poivrez, puis réchauffez.

Faites-y ensuite cuire les homards pendant 10 minutes. Retirez-les de la casserole et passez-les sous l'eau froide.

Retirez la chair des queues, des pinces et des carapaces. Sur une plaque à four, recomposez les homards dans leur forme d'origine. Préchauffez le four à 140 °C.

Confectionnez la sauce. Filtrez 40 centilitres de fond de homard dans une casserole et réchauffez. Retirez du feu, ajoutez les branches de sarriette et laissez encore mijoter pendant 10 minutes, en couvrant. Versez à nouveau dans une passoire, ajoutez le beurre et le vinaigre, puis réchauffez brièvement cette préparation jusqu'à l'obtention d'une sauce veloutée. Salez et poivrez.

Enfournez les homards et faites-les cuire pendant 6 minutes.

Grand-mère conseille

À la fin de la cuisson, sortez-les du four, dressez-les sur des assiettes individuelles et décorez avec les feuilles de sarriette. Présentez la sauce à part, en saucière.

Loup au basilic

Pour 4 personnes – Préparation : 25 min + 2 h de repos

Ingrédients

- 1 loup (autre nom du bar) de 1 kg environ levé en filets, sans la peau et sans arêtes
- 12 feuilles de basilic
- 4 tranches de pain légèrement rassis
- Huile d'olive extra-vierge
- Sel et poivre

Préparation

À l'aide d'un petit pinceau, badigeonnez les filets de poisson d'huile d'olive sur les deux faces. Couvrez-les, glissez-les au réfrigérateur et laissez-les reposer pendant 2 heures environ.

À l'aide d'un petit couteau bien aiguisé, détaillez ensuite les filets en lanières obliques, très fines.

Enduisez le fond des assiettes de service d'huile d'olive et poivrez légèrement. Répartissez les lanières de poisson sur les assiettes en formant un joli décor. Conservez au frais.

Ciselez les feuilles de basilic juste avant de servir. Mettez-les dans un bol, ajoutez 3 cuillères à soupe d'huile d'olive et assaisonnez de sel et de poivre selon vos préférences. Fouettez vivement afin de bien mélanger.

Faites griller les tranches de pain. Servez les assiettes de poisson garnies de pain grillé, avec l'huile d'olive au basilic présentée en saucière.

Grand-mère conseille

Cette recette exige un poisson de toute première fraîcheur, que vous pouvez accompagner d'une salade de mesclun.

Moules à la citronnelle

Pour 4 personnes – Préparation : 20 min

Ingrédients

- 2 kg de moules
- 5 feuilles de citronnier non traitées, de qualité biologique
- 3 échalotes
- 2 tiges de citronnelle
- Sel

Préparation

Grattez et lavez soigneusement les moules. Jetez les coquilles ouvertes.

Lavez les tiges de citronnelle coupées en deux. Écrasez-les au couteau. Lavez les feuilles de citronnier et coupez-les en quatre. Épluchez les échalotes et coupez-les en deux.

Mettez la citronnelle, les feuilles de citronnier, les échalotes, 50 centilitres d'eau, un peu de sel et les moules dans une grande casserole. Faites cuire pendant 5 minutes à feu vif et à couvert : les coquilles des moules doivent s'ouvrir. Jetez celles qui restent fermées.

Retirez les feuilles de citronnier et les tiges de citronnelle de la casserole et servez aussitôt.

Grand-mère conseille

Après achat, les moules se conservent au maximum 24 heures dans le bas du réfrigérateur. L'idéal est de les envelopper dans du papier journal. Si vous les conservez de cette manière, nettoyez-les au dernier moment. Si vous arrachez le byssus (le filament qui sort de la coquille) plusieurs heures avant de les préparer, les moules risquent de perdre leur eau et de mourir.

Rougets au thym

Pour 4 personnes – Préparation : 40 min

Ingrédients

- 4 rougets d'environ 180 g chacun
- 150 g de mesclun
- 2 fleurs de courgette
- 2 petites courgettes
- 1 blanc d'œuf
- 1 cuillère à soupe de fleur de thym
- Huile d'olive extra-vierge
- Vinaigre de Xérès
- Basilic frais
- Sel et poivre

Préparation

Badigeonnez les rougets d'huile d'olive, salez et poivrez.

Posez ensuite les poissons dans le panier de cuisson d'une casserole à vapeur, parsemez-les de fleur de thym. Versez de l'eau dans la partie basse de la casserole. Faites cuire les poissons à la vapeur pendant 15 minutes environ (s'ils sont entiers) ou pendant 7 à 8 minutes (s'ils sont en filets).

Coupez les fleurs de courgette en deux. Posez-les dans une assiette allant au four et, à l'aide d'un pinceau, badigeonnez-les de blanc d'œuf. Faites-les cuire pendant 10 minutes, à chaleur très douce. Lavez, essorez et émincez très finement les courgettes. Lavez et essorez le mesclun.

Égouttez délicatement les rougets, puis disposez-les sur les assiettes de service. Disposez les rondelles de courgette, le mesclun assaisonné de vinaigre et les fleurs de courgette en garniture. Décorez avec les feuilles de basilic et servez aussitôt.

> ### Grand-mère conseille
> Parce que l'on mange d'abord avec les yeux, cette recette crée un formidable décor. Pour l'accompagner, un Bandol blanc s'impose.

Saumon à la persillade

Pour 4 personnes – Préparation : 20 min

Ingrédients

- 4 filets de saumon
- 70 g de chapelure
- 1 bouquet de persil frais
- 1 gousse d'ail
- 1 citron
- Sel et poivre

Préparation

Préchauffez le four à 210 °C.

Disposez les filets de poisson dans un plat allant au four, avec un petit fond d'eau. Enfournez et faites-les cuire pendant 5 minutes environ, en les retournant.

Pressez le citron et réservez le jus. Épluchez la gousse d'ail et écrasez-la. Lavez et essorez le persil, puis hachez-le finement.

Versez la chapelure dans un bol et ajoutez l'ail, deux cuillères à soupe de jus de citron et le persil haché. Assaisonnez légèrement de sel et de poivre. Mélangez bien tous ces ingrédients, puis répartissez cette persillade sur les filets de saumon.

Enfournez à nouveau et passez-les sous le gril pendant 4 à 5 minutes. Servez aussitôt.

Grand-mère conseille

Et une petite recette supplémentaire… S'il vous reste du saumon cuit, ne le jetez surtout pas ! Mélangez-le avec la même quantité de fromage frais et un petit peu d'aneth. Assaisonnez légèrement de sel et poivre. Voilà une préparation simple et rapide qui vous permettra de confectionner de délicieux toasts !

Saumon poché au thé vert et à la camomille

Pour 4 personnes – Préparation : 10 min

Ingrédients

Pour la sauce vierge :
- 5 cuillères à soupe d'huile d'olive extra-vierge
- 2 cuillères à soupe de dés de tomate
- 1 cuillère à soupe de coriandre finement hachée
- 1/2 cuillère à soupe de ciboulette hachée
- 1/2 cuillère à soupe de citron confit
- Sel et poivre

- 4 filets de saumon
- 1 cuillère à thé de thé vert
- 1 cuillère à thé de camomille
- Zestes de pamplemousse

Préparation

Faites infuser le mélange de thé vert et de camomille, avec quelques zestes de pamplemousse, dans 50 centilitres d'eau pendant 5 minutes.

Pochez les filets de saumon dans cette infusion pendant quelques minutes, le temps qu'ils changent de couleur tout en conservant leur moelleux.

Préparez la sauce vierge. Dans un poêlon, mélangez intimement tous les ingrédients et assaisonnez-les de sel et de poivre selon votre goût. Réchauffez rapidement la sauce avant de la servir.

Dressez les filets de saumon sur des assiettes individuelles, versez un filet de sauce sur chaque poisson et servez aussitôt.

Grand-mère conseille

Pour cette préparation, privilégiez des ingrédients non traités (notamment les zestes de pamplemousse) et respectez bien les proportions de l'infusion. À défaut, celle-ci risque d'être trop tannique.

Tartare de Saint-Jacques à la ciboulette

Pour 4 personnes – Préparation : 15 min

Ingrédients

- 16 noix de Saint-Jacques
- 2 échalotes
- 1 citron vert
- 1 bouquet de ciboulette
- 4 cuillères à soupe d'huile d'olive extra-vierge
- 1 cuillère à soupe de poivre rose en grains
- Sel et poivre

Préparation

Épluchez les échalotes. Prélevez le zeste du citron et hachez-le avec les échalotes. Versez le hachis obtenu dans un grand plat creux.

Ciselez la ciboulette. Concassez le poivre rose. Pressez le citron et versez le jus au-dessus du hachis d'échalotes. Ajoutez l'huile d'olive, les baies roses concassées et la ciboulette. Assaisonnez de sel et poivre à votre convenance, puis mélangez.

Lavez les noix de Saint-Jacques, épongez-les et hachez-les finement au couteau. Versez-les dans la préparation et mélangez délicatement.

Servez aussitôt, bien frais.

Grand-mère conseille

À l'achat, choisissez des coquilles Saint-Jacques qui ont une jolie couleur ivoire et un corail orange vif. Si elles sont trop blanches, cela peut indiquer qu'elles ont été mises à tremper dans de l'eau afin de les alourdir. Et comme elles se vendent au poids…

4. LES VOLAILLES, & GIBIERS

Blancs de poulet sautés à la coriandre

Pour 4 personnes – Préparation : 30 min

Ingrédients

- 4 blancs de poulet, sans la peau
- 20 g de coriandre fraîche
- 2 gousses d'ail
- 1 tomate
- 2 cuillères à soupe d'échalotes
- 2 cuillères à soupe de jus de citron
- 2 cuillères à soupe de crème légère
- 1 cuillère à soupe d'huile de maïs
- 1 cuillère à soupe de farine de maïs délayée dans 1 cuillère à soupe d'eau
- 20 cl de fond de volaille non salé
- 10 cl de yaourt nature
- Sel et poivre

Préparation

Pelez et hachez les gousses d'ail et les échalotes. Ciselez la coriandre. Pelez, épépinez et hachez la tomate.

Faites chauffer l'huile à feu modéré dans une poêle à fond épais. Faites-y revenir les blancs de poulet sur une face pendant 5 minutes. Retournez-les, salez légèrement et poivrez. Faites-les revenir sur la seconde face pendant 4 minutes.

Mettez les blancs de poulet dans un plat et gardez-les au chaud.

Versez le yaourt dans un bol et, en remuant, ajoutez la farine de maïs délayée (Maïzena), ainsi que la crème. Versez le fond de volaille et le jus de citron dans la poêle, ajoutez l'ail et l'échalote, baissez le feu et laissez mijoter pendant 30 secondes. En remuant, ajoutez la tomate, le mélange au yaourt et une pointe de sel.

Faites cuire à feu doux pendant 1 minute et ajoutez la coriandre. Versez la sauce sur le poulet. Servez aussitôt.

Grand-mère conseille
Pour accompagner ce poulet, songez à quelques courgettes.

Cailles rôties aux baies de genièvre

Pour 4 personnes – Préparation : 25 min

Ingrédients

- 8 cailles
- 8 bardes de lard
- 50 g de beurre
- 16 baies de genièvre
- 8 tranches de pain de mie
- 5 cl de cognac
- Sel et poivre

Préparation

Préchauffez le four à température élevée.

Salez et poivrez les cailles selon votre goût, glissez deux baies de genièvre à l'intérieur de chaque caille, ramenez les pattes sous le ventre et enveloppez chaque caille avec une barde de lard. Ficelez-les pour bien maintenir l'ensemble.

Beurrez les tranches de pain de mie et posez-les dans la lèchefrite du four. Disposez les cailles sur ces canapés et faites-les cuire pendant une quinzaine de minutes.

Mettez un plat de service dans le four, sur lequel vous rangerez ensuite les canapés, sans les cailles.

Faites chauffer le cognac. Versez-le sur les cailles dans leur récipient de cuisson. Flambez-les, puis retirez les ficelles et les bardes. Posez les cailles sur les canapés.

Grattez le plat de cuisson avec une cuillère en bois pour dissoudre les sucs, puis versez ce jus sur les cailles. Servez aussitôt, très chaud.

Grand-mère conseille

Cette délicieuse préparation mérite assurément un vin de qualité : un sauternes saura se montrer à la hauteur de ces cailles riches en parfums et en saveurs.

Canard à la moutarde

Pour 4 personnes – Préparation : 1 h 15 min

Ingrédients

- 1 canard, avec le foie
- 80 g de beurre
- 30 g de chapelure
- 20 g de farine
- 2 jaunes d'œufs
- 1 œuf entier
- 2 cuillères à soupe de moutarde à l'ancienne
- 2 cuillères à soupe de poivre vert en saumure
- 1 cuillère à café de jus de citron
- 25 cl de bouillon de volaille
- Sel

Préparation

Hachez le foie du canard. Ajoutez la chapelure, l'œuf et la moitié du poivre vert. Salez, mélangez et remplissez le canard avec cette farce. Cousez les ouvertures de la volaille.

Posez le canard sur la grille d'un plat à four et faites cuire à four chaud pendant une heure. Retournez le canard à mi-cuisson et arrosez-le régulièrement avec la graisse de cuisson.

Peu avant la fin de la cuisson, faites fondre à feu moyen 30 grammes de beurre dans une casserole. Ajoutez la farine hors du feu, remettez la casserole sur le feu, versez le bouillon de volaille tiède et les jaunes d'œufs. Battez jusqu'aux premiers bouillonnements, retirez la casserole du feu et, sans cesser de fouetter, ajoutez la moutarde, le jus de citron et le reste de poivre vert, puis le reste de beurre en parcelles.

Grand-mère conseille

Versez la sauce dans le fond d'un plat creux. Coupez le canard et disposez les morceaux sur la sauce. Disposez la farce autour du canard. Servez aussitôt.

Fricassée de poulet au cresson

Pour 4 personnes – Préparation : 45 min

Ingrédients

- 4 blancs de poulet, sans la peau, en dés
- 2 bottes de cresson, sans les grosses tiges
- 250 g de champignons, en lamelles
- 15 g de beurre
- 4 gousses d'ail hachées
- 2 carottes épluchées et coupées en bâtonnets
- 3 cuillères à soupe d'échalotes hachées
- 2 cuillères à soupe de crème liquide
- 2 cuillères à soupe de farine de maïs délayée dans 4 cuillères à soupe d'eau
- 2 cuillères à café de thym frais
- 1 cuillère à café de romarin frais
- 15 cl de vin blanc sec
- 15 cl de fond de volaille non salé
- 15 cl de yaourt nature
- Sel

Préparation

Mélangez le yaourt, la crème, la farine de maïs (Maïzena), le thym et le romarin. Réservez ce mélange pour la suite.

Faites fondre le beurre dans une poêle. Ajoutez les carottes et faites cuire 2 minutes en remuant. Ajoutez le poulet, les champignons, les échalotes, le vin, le fond de volaille, l'ail, du sel et le mélange au yaourt. Mélangez, baissez le feu, couvrez et faites cuire 5 minutes à feu doux.

Remuez la préparation et étalez le cresson par-dessus. Couvrez et faites cuire 5 minutes. Passez le contenu de la poêle dans une passoire, au-dessus d'un plat creux. Transférez le contenu de la passoire dans un plat de service et gardez-le au chaud.

Versez la sauce dans la poêle, faites-la réduire de moitié à feu modéré, pendant 10 minutes, en remuant. Remettez la préparation au poulet dans la poêle, mélangez et servez aussitôt.

Grand-mère conseille

Accompagnez de pâtes à la sauce tomates.

Lapin au romarin

Pour 6 personnes – Préparation : 1 h 30 min

Ingrédients

- 1 lapin, en morceaux
- 150 g de lardons
- 10 branches de romarin
- 3 brins de persil
- 2 tomates
- 2 cuillères à soupe d'huile d'olive extra-vierge
- 10 cl de vin blanc
- Sel et poivre

Préparation

Préchauffez le four à 180°C.

Assaisonnez les morceaux de lapin de sel et de poivre selon vos préférences. Versez l'huile d'olive dans une cocotte et faites chauffer. Faites-y revenir les morceaux de lapin sur toutes les faces de manière à ce qu'ils soient bien dorés. Retirez-les ensuite et dégraissez la cocotte.

Remettez-la sur un feu vif et faites-y suer les lardons. Déglacez avec le vin blanc et grattez le fond du récipient à l'aide d'une cuillère en bois, de manière à bien décoller les sucs.

Lavez et équeutez les tomates, puis coupez-les en quatre. Ajoutez-les dans la cocotte et remettez les morceaux de lapin. Mouillez le tout avec 15 centilitres d'eau et ajoutez le persil. Mélangez.

Disposez les branches de romarin sur le dessus de la préparation, couvrez la cocotte et enfournez. Faites cuire pendant 15 minutes environ. Servez bien chaud, dès la fin de la cuisson.

Grand-mère conseille

Le lapin est délicieux à déguster, mais ses os sont dangereux. Faites donc bien attention en le mangeant. Ne donnez jamais non plus des os de lapin à votre chien ou à votre chat.

Lapin aux deux poivrons

Pour 6 personnes – Préparation : 1 h 30 min

Ingrédients

- 1 lapin, coupé en morceaux
- 3 poivrons rouges
- 3 poivrons verts
- 2 gousses d'ail
- 2 tomates
- 1 bouquet garni
- 3 cuillères à soupe d'huile d'olive extra-vierge
- Sel et poivre

Préparation

Préchauffez le four à 210 °C.

Coupez tous les poivrons en deux, puis retirez les pédoncules, les graines ainsi que les filaments blancs et durs. Détaillez alors la chair des poivrons en lanières. Pelez et hachez les gousses d'ail. Lavez les tomates et coupez-les en huit.

Versez l'huile d'olive dans une cocotte et faites-la chauffer. Faites-y dorer les morceaux de lapin. Retirez-les ensuite de la cocotte et réservez-les. À leur place, mettez les lanières de poivrons dans la cocotte. Faites-les revenir, à feu moyen et en remuant régulièrement, pendant une dizaine de minutes.

Ajoutez les tomates, le bouquet garni et l'ail. Assaisonnez de sel et poivre selon le goût, puis remettez le lapin dans la cocotte. Mouillez avec 10 centilitres d'eau, mélangez à l'aide d'une cuillère en bois et couvrez.

Enfournez et faites cuire pendant 35 minutes environ.

Servez dès la fin de la cuisson, bien chaud.

Grand-mère conseille

Avant de présenter le plat à vos convives, n'oubliez pas de retirer le bouquet garni. Vous pouvez décorer ensuite la préparation avec un peu de persil ciselé.

Oie à l'armoise

Pour 6 personnes – Préparation : 2 h 30 min

Ingrédients

- 1 oie prête à cuire
- 2 foies d'oie
- 500 g d'oignons
- 4 pommes
- 2 petits pains secs
- 1 cuillère à café de marjolaine hachée
- 1 cuillère à café de basilic haché
- 1 cuillère à café d'armoise hachée
- 50 cl de bouillon de volaille
- Porto
- Sel et poivre

Préparation

Rincez et séchez l'oie. Préchauffez le four à 200 °C.

Préparez la farce. Hachez les foies et les petits pains dans un peu d'eau. Épluchez les pommes, épépinez-les et coupez-les en quartiers.

Épluchez et émincez les oignons. Mélangez les foies, les pommes, les oignons, les petits pains et les herbes. Salez et poivrez, puis ajoutez un doigt de porto. Farcissez l'oie avec cette préparation.

Disposez-la, poitrine vers le bas, dans un grand plat et recouvrez de bouillon. Enfournez et faites cuire pendant 40 minutes environ.

À ce moment-là, retournez la volaille, retirez un peu de graisse et enfournez à nouveau. Poursuivez la cuisson pendant 60 à 90 minutes. La peau de l'oie doit être brune et croustillante.

Une fois la cuisson terminée, sortez l'oie du four, découpez-la et extrayez la farce. Servez aussitôt.

Grand-mère conseille

Attention ! L'oie étant une volaille très grasse, il ne faut pas la piquer n'importe où pour la retourner en cours de cuisson : piquez toujours la volaille sous les pilons.

Poulet à la crème et à l'estragon

Pour 4 personnes – Préparation : 45 min

Ingrédients

- 1 poulet coupé en morceaux
- 30 g de beurre
- 1/2 botte d'estragon
- 2 cuillères à soupe de moutarde forte
- 25 cl de crème fraîche
- Sel et poivre

Préparation

Faites fondre le beurre dans une cocotte à feu vif. Dès qu'il mousse, faites-y dorer le poulet, en le retournant régulièrement. Assaisonnez de sel et de poivre selon votre goût et ajoutez 3 cuillères à soupe d'eau. Baissez le feu, couvrez et poursuivez la cuisson pendant 30 minutes environ.

Dans un bol, mélangez la moutarde et la crème. Versez ce mélange sur le poulet, mélangez et laissez réchauffer la sauce à feu doux pendant 3 minutes.

Ciselez finement les feuilles d'estragon.

Transvasez le poulet et sa sauce dans un plat de service chaud. Saupoudrez la préparation d'estragon et servez aussitôt.

Grand-mère conseille

Lorsque vous achetez un poulet, vérifiez toujours les pattes et les ergots : si les pattes sont foncées et si les ergots sont développés et vous paraissent coriaces, laissez sans hésitation ce poulet sur l'étal, car il n'est plus bon à cuire.

Poulet au gingembre

Pour 4 personnes – Préparation : 45 min + 6 h de marinade

Ingrédients

- 8 blancs de poulet
- 150 g de champignons de Paris
- 2 gousses d'ail
- 1 poivron rouge
- 1 poivron vert
- 1 racine de gingembre frais
- 3 cuillères. à soupe d'huile d'olive extra-vierge
- 2 cuillères à soupe de sauce soja

Préparation

Émincez les champignons. Pelez et écrasez l'ail. Coupez finement le gingembre. Lavez les poivrons, coupez-les en deux, retirez les graines, ainsi que les filaments blancs et durs.

Dans un grand bol, déposez le poulet, puis ajoutez l'ail, le gingembre et la sauce soja. Mélangez et laissez reposer au réfrigérateur pendant 6 heures environ.

Faites revenir le poulet dans un wok ou une grande poêle avec 2 cuillères à soupe d'huile d'olive, pendant 5 minutes. Puis, mettez-le de côté dans une assiette.

Faites ensuite revenir les champignons et les poivrons avec la dernière cuillère d'huile d'olive. Couvrez et laissez doucement cuire pendant quelques minutes. Ajoutez le poulet, couvrez et laissez mijoter pendant un quart d'heure à feu doux, jusqu'à ce que le poulet soit cuit.

Les volailles et gibiers

Grand-mère conseille

À l'achat, privilégiez le gingembre frais, mince et ferme, le moins noueux possible. La peau doit être lisse et dépourvue de toute trace décolorée.

Poulet au laurier

Pour 4 personnes – Préparation : 1 h 30 min

Ingrédients

- 1 poulet
- 50 cl de bouillon de légumes
- 20 cl d'huile d'olive
- Feuilles de laurier
- Romarin
- Sauge
- Persil
- Câpres
- Moutarde
- Sel et poivre

Préparation

Coupez le poulet en deux et aplatissez les deux moitiés. Enduisez-les d'huile.

Préchauffez le four à température maximale. Disposez le poulet dans la lèchefrite et glissez-le sous le gril. Faites cuire pendant 15 minutes, en retournant régulièrement la volaille pour qu'elle cuise uniformément.

Transvasez alors le poulet dans un plat, enduisez-le de moutarde et saupoudrez-le avec les herbes préalablement hachées. Ajoutez des câpres selon le goût. Salez et poivrez, puis enfournez la préparation.

Faites cuire pendant 45 minutes en arrosant régulièrement avec le bouillon de légumes.

À la fin de la cuisson, disposez un lit de feuilles de laurier dans un plat à feu. Déposez le poulet dessus et arrosez avec le jus de cuisson. Faites encore chauffer quelques minutes et servez aussitôt.

Grand-mère conseille

Donnez encore davantage de saveur à votre préparation en préparant votre bouillon de légumes vous-même : il n'en sera que meilleur. Pour cela, prévoyez des poireaux, des navets, un céleri-branche et quelques carottes. Vous pouvez aussi ajouter les légumes que vous utilisez habituellement pour le pot-au-feu.

Poulet rôti au yaourt et aux piments

Pour 4 personnes – Préparation : 30 min + 2 h de marinade

Ingrédients

- 1 poulet, sans la peau, coupé en 4
- 25 cl de yaourt nature
- 2 cuillères à soupe de ciboulette ciselée
- 1 cuillère à soupe de farine
- 1 cuillère à soupe de piment finement haché
- 35 cl de fond de volaille non salé
- Sel et poivre

Préparation

Préparez la marinade. Dans un plat, mélangez le yaourt, la ciboulette, un peu de sel et de poivre. Ajoutez le poulet, glissez le tout au réfrigérateur et laissez mariner pendant 2 heures.

Préchauffez le four à 160 °C. Mettez le poulet dans un plat à four et réservez la marinade. Enfournez et faites cuire la volaille pendant 25 à 30 minutes. Pendant ce temps, versez le fond de volaille dans une casserole. Portez à ébullition, baissez le feu et laissez frémir.

Délayez la farine dans la marinade. En mélangeant, ajoutez-y quelques cuillères à soupe de fond de volaille chaud, puis versez la marinade dans la casserole contenant le fond de volaille. Laissez frémir pendant 3 minutes, puis ajoutez le piment et fouettez la sauce.

Disposez les morceaux de poulet dans un plat de service, nappez-les de sauce et servez aussitôt.

Grand-mère conseille

Pour savoir si votre poulet est cuit, rien de plus simple : piquez-le sous la cuisse avec la pointe d'un couteau. Si le jus qui s'écoule est clair, votre poulet est cuit à point !

Rissoles de poulet au thym

Pour 6 personnes – Préparation : 40 min

Ingrédients

- 350 g de pâte feuilletée
- 300 g de blancs de poulet
- 24 branches de thym frais
- 3 gousses d'ail
- 3 oignons
- 2 jaunes d'œufs
- 2 cuillères à soupe d'huile d'olive extra-vierge
- Sel et poivre

Préparation

Préchauffez le four à 240°C.

Détaillez les blancs de poulet en lanières d'environ 2 centimètres de longueur. Pelez et hachez les gousses d'ail et les oignons.

Versez l'huile d'olive dans une sauteuse et faites chauffer. Faites-y rissoler le poulet pendant 2 minutes, sans cesser de remuer. Ajoutez l'ail et les oignons et faites-les suer pendant quelques minutes. Retirez la préparation du feu, assaisonnez de sel et de poivre en goûtant.

Étalez la pâte feuilletée sur un plan de travail et découpez-y 12 ronds de 10 centimètres de diamètre. Sur chaque rond de pâte, étalez une cuillère à soupe de la préparation au poulet, surmontez chaque tas de farce de deux branches de thym, puis refermez chaque cercle de pâte à la manière d'un chausson, en soudant bien les bords afin que la farce ne s'échappe pas.

Badigeonnez ensuite chaque chausson de jaune d'œuf battu et enfournez. Faites cuire durant 15 minutes environ. Servez bien chaud dès la fin de la cuisson.

Grand-mère conseille

Pour accompagner ces rissoles, prévoyez une salade verte généreusement assaisonnée et relevée avec de l'ail haché.

5. LES VIANDES

Agneau au miel et au safran

Pour 6 personnes – Préparation : 50 min

Ingrédients

- 1 gigot d'agneau
- 100 g de miel de romarin
- 5 filaments de safran
- 4 gousses d'ail
- 2 oignons
- 2 feuilles de laurier
- 1 cuillère à café de piment fort
- 5 cl de vinaigre de Xérès
- 5 cl d'huile d'olive extra-vierge
- 5 cl de vin blanc
- Poivre

Préparation

Pelez et émincez l'ail et les oignons. Versez un filet d'huile dans une poêle et faites-y revenir l'ail et l'oignon pendant 10 minutes, jusqu'à ce qu'ils soient dorés. Versez cette préparation dans un plat allant au four.

Préchauffez le four à 180 °C. Déposez le gigot légèrement salé dans le plat contenant le hachis d'ail et d'oignon. Ajoutez le laurier, le vin blanc et le piment. Enfournez et faites cuire pendant 30 minutes, en retournant la viande en cours de cuisson et en l'arrosant régulièrement avec un peu d'eau pour éviter tout dessèchement.

Versez le vinaigre dans une casserole, ajoutez le miel et le safran et diluez le tout. Arrosez le gigot avec cette préparation, assaisonnez de poivre et poursuivez la cuisson, à 150 °C, pendant 10 minutes, en arrosant régulièrement la viande avec son jus de cuisson.

Servez bien chaud, dès la sortie du four.

Grand-mère conseille

Choisissez de préférence du safran sous forme de filaments. Il est, certes, plus coûteux que le safran en poudre, mais il est de qualité nettement supérieure.

Bœuf au fromage de brebis et à l'origan

Pour 4 personnes – Préparation : 45 min

Ingrédients

- 500 g de viande de bœuf hachée
- 150 g de feta
- 2 œufs
- 2 tranches de pain rassis
- 1 oignon
- 1 pincée de cumin en poudre
- 1 pincée de piment de Cayenne
- 1/2 bouquet de persil plat
- 4 cuillères à soupe d'huile d'olive extra-vierge
- 1 cuillère à café d'origan séché
- 1/2 cuillère à café de piment en poudre
- Sel

Préparation

Épluchez et hachez l'oignon. Hachez finement le persil. Mettez la viande, l'oignon et le persil dans un plat creux, avec les épices : cumin, piment de Cayenne, piment en poudre, origan et sel.

Trempez rapidement le pain dans de l'eau, puis pressez-le pour extraire l'excédent de liquide. Ajoutez-le à la viande avec les œufs. Pétrissez le tout jusqu'à obtention d'une pâte souple. Façonnez alors des petites galettes avec la préparation.

Passez une assiette à soupe sous l'eau froide. Mettez une galette de viande dans le fond, émiettez un peu de feta dessus, repliez une moitié de la galette sur l'autre moitié et soudez les bords. Préparez tous les steaks de la même façon.

Badigeonnez-les ensuite d'huile et faites-les cuire à la poêle, dans un généreux fond d'huile d'olive. Dès qu'ils sont fermes, ils sont cuits.

Grand-mère conseille

La feta peut être remplacée par un autre fromage de brebis. En accompagnement, songez à une salade grecque ou à des pâtes grecques.

Bœuf grillé à la citronnelle

Pour 4 personnes – Préparation : 15 min + 12 h de marinade

Ingrédients

- 800 g de filet de bœuf
- 8 brins de ciboulette
- 3 tiges de citronnelle
- 2 gousses d'ail
- 3 cuillères à soupe de sauce nuoc-mâm
- 2 cuillères à soupe d'huile d'arachide
- 1 cuillère à café de sucre
- Piment en poudre

Préparation

Pelez les gousses d'ail et écrasez-les. Lavez la ciboulette et hachez-la. Ciselez finement les parties blanches de la citronnelle jusqu'à obtention de l'équivalent de 3 cuillères à soupe.

Versez la sauce nuoc-mâm dans un grand plat creux. Ajoutez le sucre, l'ail, le piment, la ciboulette, l'huile et la citronnelle.

Émincez la viande de bœuf en fines lamelles et faites-la mariner pendant 12 heures dans le mélange précédent.

Au moment du repas, faites chauffer un barbecue ou un gril.

Faites griller les lamelles de viande pendant quelques secondes sur chaque face et servez aussitôt.

Les viandes

Grand-mère conseille

Si vous estimez que la sauce nuoc-mâm est trop parfumée à votre goût, diluez-la dans un peu de jus de citron fraîchement pressé et ajoutez une petite pointe de sucre. Ceci adoucira très agréablement son parfum.

Échine de porc rôtie au miel d'eucalyptus

Pour 12 personnes – Préparation : 2 h + 2 h de marinade

Ingrédients

- 1 rôti pris dans l'échine
- Sel

Pour la marinade :
- 1 cuillère à soupe de zeste d'orange non traitée
- 5 cl de miel d'eucalyptus
- 5 cl d'huile d'olive extra-vierge
- 5 cl de jus d'orange fraîchement pressée

Pour la sauce :
- 25 g de cerneaux de noix hachés
- 2 oranges épluchées et coupées en tranches
- 3 cuillères à soupe de Grand Marnier
- 2 cuillères à soupe de miel d'eucalyptus
- 1 cuillère à soupe de vinaigre de vin blanc
- 2 cuillères à café de farine de maïs
- 5 cl de bouillon de volaille

Préparation

Préparez la marinade. Mélangez les ingrédients dans un plat et faites-y mariner le rôti pendant 2 heures, en le retournant régulièrement. Préchauffez le four à 220 °C.

Transvasez le rôti dans un plat allant au four. Salez légèrement et enfournez. Faites rôtir pendant 15 minutes, jusqu'à ce qu'il commence à prendre de la couleur. À ce moment-là, enduisez à nouveau le rôti de marinade et baissez la température du four jusqu'à 175 °C. Poursuivez la cuisson jusqu'à ce que le rôti soit à point et que le jus de cuisson soit limpide. Laissez-le ensuite reposer pendant 15 minutes dans le four chaud.

Préparez la sauce. Mélangez les ingrédients dans une casserole et laissez mijoter. Ajoutez les oranges et les noix en dernier. Pour la seconde partie de la cuisson du rôti, comptez 25 à 30 minutes par livre.

Grand-mère conseille

Présentez les tranches de rôti dans de belles assiettes, avec une cuillère de miel versée autour.

Émincés de veau sautés au jambon cru et à la sauge

Pour 4 personnes – Préparation : 15 min

Ingrédients

- 400 g d'escalopes de veau, dégraissées
- 45 g de jambon cru en fines tranches
- 4 cuillères à soupe de Marsala
- 3 cuillères à soupe de sauge fraîche
- 1 cuillère à soupe d'huile d'olive extra-vierge
- Sel et poivre

Préparation

Coupez les escalopes de veau et le jambon cru en lanières d'environ 4 à 5 centimètres de long. Hachez la sauge.

Versez l'huile d'olive dans une grande poêle et faites chauffer. Ajoutez-y les lamelles de veau et faites-les sauter à feu vif pendant 1 à 2 minutes, sans cesser de remuer et jusqu'à ce que les lamelles de viande soient dorées.

À ce moment, ajoutez le jambon cru, assaisonnez de sel et poivre selon le goût et poursuivez la cuisson, tout en remuant, pendant 1 minute. Ajoutez alors la sauge et le Marsala, mélangez encore pendant quelques secondes, puis servez aussitôt.

Grand-mère conseille

Pour accompagner cette préparation simple et rapide, prévoyez une purée de pommes de terre « maison », ou une purée pommes de terre – céleri. Si, lorsque vous faites cuire les lamelles de veau, celles-ci rendent beaucoup d'eau, faites cuire jusqu'à évaporation... puis, sans hésitation, changez de boucher. En effet, une viande qui rend beaucoup d'eau est un produit industriel de piètre qualité.

Médaillons de veau au vin rouge et au romarin

Pour 6 personnes – Préparation : 15 min + 1 h de marinade

Ingrédients

- 6 médaillons de veau dégraissés
- 15 g de beurre
- 1 gousse d'ail
- 1 citron non traité
- 2 cuillères à soupe d'huile d'olive extra-vierge
- 1 cuillère à soupe de persil haché
- 25 cl de vin rouge
- 15 cl de fond de veau
- Quelques brins de romarin frais
- Sel et poivre

Préparation

Pelez et écrasez la gousse d'ail. Zestez le citron et râpez-le.

Piquez chaque médaillon avec un ou deux brins de romarin.

Dans un plat peu profond, mélangez 1,5 cuillère à soupe d'huile avec l'ail, le zeste de citron et le persil. Ajoutez la viande et retournez-la dans la marinade pour bien l'imprégner. Couvrez et laissez mariner à température ambiante pendant 1 heure.

Faites chauffer le reste d'huile et le beurre dans une sauteuse. Ajoutez les médaillons et faites-les cuire pendant 2 à 3 minutes sur chaque face, jusqu'à ce qu'ils soient dorés à l'extérieur et rosés à l'intérieur. Retirez-les alors de la sauteuse et disposez-les sur une assiette recouverte de papier absorbant. Couvrez et réservez au chaud.

Jetez l'excédent de graisse de la sauteuse. Mélangez-y le vin et le fond de veau avec le jus de cuisson. Portez ce liquide à ébullition, mélangez et laissez doucement bouillir jusqu'à ce que le liquide soit réduit de moitié. Salez et poivrez.

Grand-mère conseille

Disposez les médaillons sur un plat de service, nappez-les de sauce et garnissez avec quelques brins de romarin. Servez aussitôt.

Steaks au poivre

Pour 4 personnes – Préparation : 15 min

Ingrédients

- 2 tranches de faux-filet d'environ 400 g chacune
- 150 g de beurre
- 1 pot de crème fraîche
- 6 cuillères à soupe de cognac
- 2 cuillères à soupe de poivre concassé
- Sel

Préparation

Roulez la viande dans le poivre concassé en veillant à ce que les tranches soient bien recouvertes sur toutes les faces.

Mettez le beurre dans une poêle et faites chauffer. Ajoutez-y les tranches de viande et faites-les cuire à feu moyen. Assaisonnez-les de sel selon le goût.

Versez le cognac dans un petit poêlon et faites chauffer. Versez-le alors sur les steaks et faites-les flamber. Retirez la viande de la poêle et disposez-la sur un plat chaud. Versez la crème dans la poêle de cuisson et déglacez-la sur feu doux.

Servez les steaks aussitôt, nappés de sauce ou avec la sauce présentée à part, en saucière.

Grand-mère conseille

Traditionnellement, ces steaks sont servis avec des pommes de terre frites ou des pommes allumettes. Une variante s'offre à vous : prévoyez quelques pommes de terre sautées. Ainsi, la préparation sera peut-être encore plus savoureuse. Si vous aimez le vin, sachez qu'un Chateauneuf-du-Pape convient parfaitement, de même qu'un délicieux juliénas.

6. LES LÉGUMES & ACCOMPAGNEMENTS

Artichauts à la barigoule

Pour 4 personnes – Préparation : 2 h 30 min

Ingrédients

- 4 artichauts
- 400 g de champignons de Paris
- 100 g de lard gras
- 100 g de jambon cru
- 4 fines bardes de lard
- 2 citrons
- 2 gousses d'ail
- 1 oignon
- 4 cuillères à soupe de persil haché
- Huile d'olive extra-vierge
- Vin blanc sec
- Sel et poivre

Préparation

Parez, lavez et faites blanchir les artichauts pendant 5 minutes à l'eau bouillante. Égouttez-les et retirez le foin à l'aide d'une petite cuillère.

Lavez et émincez les champignons. Hachez le lard gras et le jambon. Mélangez ceux-ci aux champignons et au persil.

Farcissez les artichauts avec cette préparation, bardez-les et ficelez-les. Arrosez-les avec un filet d'huile et garnissez-les d'une rondelle de citron.

Pelez et hachez l'ail et l'oignon. Faites chauffer un peu d'huile dans un poêlon et faites-y revenir le hachis ail-oignon. Dès qu'il est transparent, posez les artichauts dans le poêlon, debout les uns contre les autres, et faites cuire à découvert pendant 10 minutes. Arrosez d'un mélange d'eau et de vin blanc pour qu'ils soient mouillés à mi-hauteur. Salez et poivrez, puis portez à ébullition pour faire réduire.

Couvrez le poêlon, baissez le feu et faites doucement cuire pendant 1 heure et 40 minutes : le fond de cuisson doit être épais. À la fin de la cuisson, égouttez les artichauts, retirez la ficelle et les bardes et posez les artichauts dans un plat de service creux. Ajoutez le jus d'un citron dans le poêlon et déglacez. Nappez les artichauts avec cette sauce et servez aussitôt.

Grand-mère conseille

D'origine méditerranéenne, l'artichaut appartient à la même famille que les chardons. À l'achat, il doit être d'une jolie couleur verte, bien franche, sans taches brunes sur les feuilles. Pour vérifier sa fraîcheur, rien de plus simple : courbez une feuille. Elle doit casser net et surtout ne pas plier.

Artichauts aux oranges

Pour 4 personnes – Préparation : 15 min

Ingrédients

- 6 fonds d'artichaut cuits
- 4 brins de menthe
- 3 oranges
- 2 gousses d'ail
- 1 oignon
- 1 citron
- 1 bouquet de coriandre
- 4 cuillères à soupe d'huile d'olive extra-vierge
- 2 cuillères à soupe d'olives noires
- 1 cuillère à café de cumin en poudre
- Sel et poivre

Préparation

Pelez et hachez l'oignon et l'ail. Pressez une orange et le citron et versez les jus obtenus dans un bol. Ajoutez du sel, du poivre, le cumin, le hachis ail-oignon et l'huile d'olive.

Épluchez les deux autres oranges et coupez-les en fines tranches. Coupez ensuite chaque tranche en quatre. Mettez-les dans un plat creux.

Coupez les fonds d'artichaut en quatre et ajoutez-les dans le plat, avec les olives noires. Arrosez avec la sauce et mélangez.

Ciselez la menthe et la coriandre, puis parsemez-en la préparation juste au moment de servir.

Grand-mère conseille

Pour mieux utiliser les agrumes voici quelques astuces. Placez une orange quelques instants dans un four tiède. Vous n'aurez ensuite plus le moindre problème pour l'éplucher. Rien de plus simple que de presser un citron sans presse-fruit : remplacez-le par une simple fourchette ! Enfoncez-la dans un demi-citron puis, tout en pressant le fruit, imprimez à la fourchette un mouvement tournant. Sachez que plus la peau d'un citron est fine et plus il contient de jus.

Asperges au four, au gruyère et aux pignons de pin

Pour 4 personnes – Préparation : 25 min

Ingrédients

- 500 g d'asperges pelées et coupées à longueur identique
- 60 g de gruyère fraîchement râpé
- 3 cuillères à soupe de pignons de pin
- 1 cuillère à soupe d'huile d'olive extra-vierge
- Beurre
- Poivre

Préparation

Préchauffez le four à 180°C.

À feu moyen, faites fondre une noisette de beurre dans une cocotte allant au four.

Disposez-y ensuite les asperges avec les pointes tournées dans le même sens. Ajoutez 3 cuillères à soupe d'eau, couvrez et faites étuver pendant 2 minutes.

Retirez la cocotte du feu et saupoudrez les asperges (sauf les têtes) de fromage râpé. Disposez les pignons sur le fromage, puis versez quelques gouttes d'huile et poivrez.

Enfournez la cocotte, sans son couvercle. Faites cuire pendant 5 minutes environ.

Servez bien chaud dès que le fromage est fondu et qu'il commence à bouillonner.

Grand-mère conseille

Pour une question de saveur, évitez les sachets de gruyère râpé « prêt à l'emploi » et privilégiez le fromage en bloc, d'autant plus qu'il se conserve très bien. Si vous redoutez que votre fromage ne sèche, enveloppez-le dans un linge humidifié avec du lait cru.

Betteraves au vinaigre parfumé au carvi

Pour 4 personnes – Préparation : 1 h 30 min

Ingrédients

- 1 botte de betteraves crues, avec le vert
- 1 gousse d'ail
- 1/4 de cuillère à café de graines de carvi
- 6 cl de vinaigre de cidre
- Sel

Préparation

Préchauffez le four à 200 °C. Lavez et parez les betteraves, coupez les tiges. Coupez les feuilles en lanières de 3 centimètres de large et réservez-les.

Enveloppez les betteraves dans une feuille d'aluminium. Enfournez et faites cuire pendant 1 heure. Quand elles sont tendres, retirez l'aluminium et laissez-les refroidir.

Épluchez-les et coupez-les ensuite en rondelles d'un demi-centimètre d'épaisseur.

Versez le vinaigre dans une casserole. Ajoutez l'ail épluché et émincé, le carvi et une pointe de sel. Portez à ébullition, faites réduire de moitié et réservez.

Versez 2 cuillères à soupe d'eau dans une cocotte. Ajoutez les feuilles de betteraves. Couvrez, portez à ébullition, puis retirez le couvercle de la cocotte et poursuivez la cuisson pendant 1 minute.

Lorsque les feuilles sont tendres, égouttez-les. Ajoutez la sauce au vinaigre et les rondelles de betteraves. Faites chauffer le tout en remuant, puis servez aussitôt.

Grand-mère conseille

Le papier d'aluminium comporte deux faces : une mate et une brillante. C'est la première qui doit être en contact avec l'aliment ; la face brillante risquant de l'oxyder.

Cardons à l'ail et aux anchois

Pour 6 personnes – Préparation : 2 h 30 min

Ingrédients

- 2 kg de cardons
- 50 g de beurre
- 2 anchois au sel
- 1 gousse d'ail
- 1 oignon
- 4 cuillères à soupe de farine
- 2 cuillères à soupe de vinaigre
- 2 cuillères à soupe d'huile d'olive extra-vierge
- 1 cuillère à dessert de persil haché
- 50 cl de lait
- Noix de muscade
- Gros sel, sel fin et poivre

Préparation

Délayez la moitié de la farine dans 3 litres d'eau, ajoutez une poignée de gros sel et le vinaigre. Portez à ébullition.

Grattez les côtes de cardon, retirez les fils, lavez les côtes et tronçonnez-les. Jetez-les dans l'eau bouillante et faites-les cuire à petite ébullition pendant 90 minutes.

Levez les filets d'anchois.

Épluchez et hachez l'ail et l'oignon 10 minutes avant la fin de la cuisson des cardons. Lavez les filets d'anchois et écrasez-les.

Faites chauffer le beurre et l'huile dans une sauteuse. Faites-y fondre l'oignon à feu doux. Ajoutez les anchois, l'ail et le persil. Mélangez pendant 2 minutes.

Délayez avec le lait et portez à ébullition, sans cesser de remuer. Salez, poivrez et ajoutez la noix de muscade. Versez les cardons dans cette sauce et mélangez délicatement. Poursuivez la cuisson pendant 10 minutes à petite ébullition. Servez dans un plat creux dès la fin de la cuisson.

Grand-mère conseille

Pour un beau résultat, coupez les côtes des cardons en tronçons de 7 ou 8 centimètres de long.

Cardons au curry

Pour 4 personnes – Préparation : 2 h 30 min

Ingrédients

- 1,5 kg de cardons
- 175 g de jambon cuit
- 75 g de beurre
- 4 tranches de pain de mie légèrement rassis
- 4 cuillères à soupe de farine
- 1 cuillère à soupe d'huile d'olive extra-vierge
- 1 cuillère à dessert de curry
- 30 cl de lait
- 10 cl de bouillon
- 1 citron
- Sel et poivre

Préparation

Délayez la moitié de la farine dans 2 litres d'eau, ajoutez le jus du citron, l'huile et du sel. Portez à ébullition.

Nettoyez les cardons. Lavez-les, épongez-les et tronçonnez-les. Faites-les cuire à petite ébullition pendant 2 heures.

30 minutes avant la fin de la cuisson, faites fondre 30 g de beurre à feu doux dans une casserole à fond épais. Saupoudrez avec le reste de farine, mélangez pendant 2 minutes, puis arrosez avec le lait et le bouillon. Salez légèrement, poivrez généreusement.

Délayez le curry dans 2 cuillères de sauce et versez ce mélange dans le reste de la sauce. Poursuivez la cuisson pendant 15 minutes, à feu très doux.

Hachez le jambon et coupez le pain en petits croûtons.

Faites chauffer le reste de beurre dans une poêle et faites-y dorer les croûtons à feu doux. Égouttez-les et recouvrez-les avec le jambon. Égouttez les cardons, versez-les dans un plat creux et nappez-les de sauce au curry.

Grand-mère conseille

Disposez les croûtons au jambon autour et servez aussitôt.

Chiffonnade de scarole aux piments

Pour 6 personnes – Préparation : 45 min

Ingrédients

- 1 scarole de 750 g environ
- 2 gros piments doux séchés
- 1 piment rouge fort
- 1 échalote
- 1,5 cuillère à soupe de vinaigre de vin rouge
- 1,5 cuillère à soupe d'huile d'olive extra-vierge
- 1 cuillère à soupe de jus de citron fraîchement pressé
- 1 cuillère à café de sucre
- 12,5 cl de fond de volaille non salé
- Sel et poivre

Préparation

Épépinez les piments doux. Hachez grossièrement le premier, émincez finement le second. Épépinez et émiettez le piment rouge fort. Épluchez et hachez grossièrement l'échalote. Coupez la scarole en deux, verticalement, lavez-la et essorez-la.

Versez le fond de volaille dans une poêle, ajoutez le piment haché, le piment émietté, l'échalote, le vinaigre et le sucre. Assaisonnez de sel et légèrement de poivre. Mélangez, puis faites frémir à feu doux pendant 8 à 10 minutes, en remuant régulièrement.

Transférez le contenu de la poêle dans le bol d'un mixeur, ajoutez l'huile et le jus de citron, puis mixez jusqu'à obtention d'une sauce lisse.

Versez celle-ci dans un grand plat creux et incorporez-y le piment doux émincé. Mettez le tout au réfrigérateur et laissez reposer pendant 15 minutes. Détaillez les deux demi-scaroles en chiffonnade.

Grand-mère conseille

Ajoutez celle-ci dans le plat creux contenant la sauce. Tournez bien et servez aussitôt.

Chou-fleur au gingembre

Pour 4 personnes – Préparation : 45 min

Ingrédients

- 1 chou-fleur
- 2,5 cm de gingembre frais
- 1 ciboule
- 1 carotte
- 2 cuillères à soupe de vinaigre d'alcool
- 1 cuillère à soupe d'huile de maïs
- 1/4 de cuillère à café d'huile de sésame
- Sucre
- Sel et poivre de Cayenne

Préparation

Épluchez la ciboule. Coupez le vert en julienne. Mettez-le à tremper dans de l'eau glacée. Coupez le blanc en biais, en fines tranches.

Épluchez et détaillez le chou-fleur en bouquets. Pelez et taillez le gingembre et la carotte en julienne.

Disposez le chou-fleur sur un plat à feu et parsemez-le de gingembre et de carotte. Dans un bol, mélangez le vinaigre, une pointe de sucre, le sel et le poivre de Cayenne. Au fouet, incorporez l'huile de maïs. Versez la vinaigrette obtenue sur le chou-fleur.

Mettez 2,5 centimètres d'eau dans une grande casserole, placez sur le fond 3 bols allant au feu, posez dessus le plat de chou-fleur. Couvrez, portez à ébullition et faites cuire à la vapeur pendant 20 minutes environ, jusqu'à ce que le chou soit tendre.

Retirez alors le couvercle du récipient. Dès que la vapeur se dissipe, sortez le plat et laissez reposer le chou à température ambiante. Versez l'huile de sésame en filet, parsemez du vert et du blanc de ciboule et servez tiède ou rafraîchi.

Grand-mère conseille

Le gingembre frais se conserve jusqu'à deux semaines, enveloppé dans un film de plastique alimentaire ou — encore mieux — dans un linge humide, au réfrigérateur.

Concombre à la sauce verte au cerfeuil

Pour 4 personnes – Préparation : 20 min

Ingrédients

- 6 fines tranches de lard fumé
- 2 concombres
- 2 jaunes d'œufs
- 1 bouquet de cerfeuil
- 1 cuillère à soupe d'huile d'olive
- 1 cuillère à soupe de vinaigre de cidre
- 1 cuillère à café de farine
- 20 cl de bouillon de volaille
- 5 cl de crème fraîche
- Sel

Préparation

Coupez les extrémités des concombres, puis pelez-les, fendez-les en quatre dans la longueur et égrenez-les.

Versez de l'eau légèrement salée dans une casserole qui pourra contenir les concombres dans la longueur. Portez à ébullition, puis plongez-y les concombres pendant 5 minutes. Rafraîchissez-les ensuite sous l'eau froide et égouttez-les.

Versez l'huile dans une sauteuse et faites-la chauffer à feu vif. Disposez les tranches de lard sur le fond de cette sauteuse et faites-les griller pendant 1 minute sur chaque face.

Saupoudrez légèrement les concombres de farine, retournez-les délicatement dans la graisse de cuisson du lard. Versez le bouillon de volaille et faites cuire pendant 5 minutes, à couvert et à feu très doux. Ajoutez alors la crème fraîche et poursuivez la cuisson pendant encore 5 minutes.

Battez les jaunes d'œufs, incorporez le cerfeuil préalablement lavé, essoré et haché, ainsi que le vinaigre. Hors du feu, ajoutez-les à la sauce et mélangez. Servez aussitôt.

Grand-mère conseille

Pour qu'il conserve tout son arôme, il est préférable d'utiliser le cerfeuil toujours frais, en fin de recette, juste avant de servir.

Concombre sauté à la trévise et à l'aneth

Pour 4 personnes – Préparation : 20 min

Ingrédients

- 750 g de concombre
- 15 g de beurre
- 10 g de feuilles d'aneth frais
- 4 feuilles de trévise
- 2 échalotes
- 1 cuillère à soupe de crème fraîche épaisse
- Sel, poivre blanc et poivre noir

Préparation

Pelez les concombres, coupez-les en deux, épépinez-les et débitez-les en lanières d'un demi-centimètre. Épluchez et hachez finement les échalotes. Ciselez les feuilles d'aneth. Hachez grossièrement les feuilles de trévise.

Mettez le beurre dans une poêle à fond épais et faites-le fondre à feu moyen. Ajoutez alors les échalotes et faites-les suer, sans cesser de tourner. Lorsque les échalotes sont translucides, ajoutez le concombre et assaisonnez de sel et de poivre blanc selon votre convenance.

Mélangez et poursuivez la cuisson pendant 3 minutes environ, jusqu'à ce que le concombre devienne tendre.

Ajoutez alors la trévise et l'aneth et faites cuire encore 1 minute. Dès que la trévise est fondue, ajoutez la crème fraîche et faites-la chauffer pendant une bonne minute.

Terminez la préparation en la saupoudrant de poivre noir. Servez aussitôt.

Grand-mère conseille

Pour avoir de l'aneth frais sous la main en toute saison, ciselez finement les feuilles d'aneth que vous venez d'acheter et répartissez-les dans un bac à glaçons. Recouvrez-les d'eau et glissez le tout au congélateur. Vous décongèlerez l'aneth au fur et à mesure de vos besoins.

Fenouil à l'orange

Pour 6 personnes – Préparation : 45 min

Ingrédients

- 3 bulbes de fenouil
- 1 orange non traitée
- 1 oignon
- 1 feuille de laurier
- Sel et poivre

Préparation

Coupez les bulbes de fenouil en quatre, les tiges en tronçons de 4 centimètres et réservez les brins feuillus. Épluchez l'oignon et débitez-le en rondelles. Zestez l'orange.

Dans une cocotte, mettez le zeste d'orange, les tiges de fenouil, les rondelles d'oignon et la feuille de laurier. Assaisonnez de sel et de poivre selon vos préférences. Couvrez avec 1 litre d'eau et portez à ébullition. Laissez mijoter à feu doux pendant 10 minutes.

Ajoutez les quartiers de fenouil et faites-les cuire pendant 15 minutes, jusqu'à ce qu'ils soient tendres. Disposez les fenouils sur un plat de service et gardez au chaud. Réservez le liquide de cuisson.

Confectionnez la sauce. Passez le liquide de cuisson au chinois, au-dessus d'une casserole. Faites-le réduire à feu vif pendant 10 minutes.

Pelez l'orange à vif (en retirant la peau blanche), coupez-la en fines tranches et coupez chaque tranche en deux. Retirez le jus qui aurait pu couler dans le plat contenant le fenouil et versez la sauce sur celui-ci. Déposez les tranches d'orange dessus, décorez avec les brins de fenouil réservés et servez aussitôt.

Grand-mère conseille

Préférez les petits bulbes de fenouil aux gros : ils sont généralement plus tendres.

Mitonnée d'oseille à la crème

Pour 4 personnes – Préparation : 35 min

Ingrédients

- 1,2 kg d'oseille
- 400 g de pommes de terre
- 20 cl de crème fraîche
- noix de muscade
- Sel et poivre

Préparation

Épluchez les pommes de terre, puis débitez-les en très fines lamelles.

Lavez l'oseille et essorez-la.

Mettez les pommes de terre et l'oseille dans un faitout, ajoutez un verre d'eau et faites cuire le tout pendant 20 minutes.

À la fin de la cuisson, assaisonnez la préparation de sel et de poivre selon votre goût, ajoutez la crème fraîche et un peu de noix de muscade.

Mélangez et servez aussitôt.

Grand-mère conseille

Pour cette préparation, vous pouvez utiliser de l'oseille commune. Plus originales, mais aussi plus difficiles à trouver, vous pouvez privilégier l'oseille vierge (que l'on rencontre dans les bois en montagne), la petite oseille (qui aime les sols sableux et les friches) ou l'oseille en écusson (qui préfère les rochers). Toutes s'utilisent et se préparent comme l'oseille commune.

Poivrons au riz parfumé aux herbes

Pour 8 personnes – Préparation : 1 h 15 min

Ingrédients

- 6 poivrons grillés et pelés
- 145 g de riz brun étuvé
- 90 g de raisins secs trempés dans 15 cl de vin blanc sec
- 1 oignon
- 1 citron non traité, de qualité bio
- 3 cuillères à soupe de persil haché
- 2 cuillères à soupe d'huile d'olive extra-vierge
- 1 cuillère à café de thym frais
- 10 cl de bouillon de légumes
- Graines de coriandre moulue

Préparation

Épluchez et hachez l'oignon. Zestez le citron (conservez un morceau de 5 centimètres) et pressez-le.

Dans une casserole, portez 1 litre d'eau à ébullition. Versez-y le riz et le zeste de citron. Laissez frémir à feu moyen pendant 20 minutes.

Coupez les poivrons en deux, dans le sens de la longueur. Retirez les pédoncules, les graines et les membranes. Réservez huit moitiés pour la garniture. Hachez grossièrement les autres demi-poivrons et réservez.

Préchauffez le four à 200°C. Faites chauffer 1 cuillère à soupe d'huile dans une poêle à fond épais. Mettez-y l'oignon à cuire pendant 5 minutes. Quand il est translucide, ajoutez les raisins secs, le vin, le bouillon et le jus de citron. Portez à ébullition. Ajoutez le riz égoutté, puis le persil, le thym, la coriandre et les poivrons hachés. Mélangez le tout. Disposez la préparation au riz dans un plat à gratin et posez les demi-poivrons dessus. Enfournez et faites cuire pendant 20 minutes.

Grand-mère conseille

Au moment de servir, badigeonnez chaque poivron avec le reste d'huile.

Polenta gratinée au parmesan et à la sauge

Pour 4 personnes – Préparation : 25 min

Ingrédients

- 300 g de semoule de maïs
- 80 g de parmesan fraîchement râpé
- 80 g de beurre
- 2 cuillères à soupe de sauge séchée
- Sel et poivre

Préparation

Versez 1,5 litre d'eau dans une casserole, salez et portez à ébullition. Versez alors la semoule de maïs en pluie et faites cuire à petit feu, sans cesser de remuer à l'aide d'une spatule en bois. Si la préparation vous semble trop épaisse, vous pouvez ajouter un peu d'eau, sans excès.

Dès que la polenta est cuite, ajoutez-y la moitié du beurre. Poivrez, mélangez et versez la polenta sur un plan de travail.

Étalez-la et coupez-la en carrés. Disposez ensuite ceux-ci dans un plat à gratin et saupoudrez-les de fromage râpé et de sauge séchée. Parsemez de noisettes de beurre et enfournez.

Faites gratiner sous le gril pendant 5 minutes environ.

Servez dès la fin de la cuisson, bien chaud.

Grand-mère conseille

Évitez d'acheter le parmesan râpé pré-emballé : il est rarement de bonne qualité. Il est souvent sec et éventé. Parfois, il ne s'agit même pas de véritable parmesan ! Privilégiez toujours le bloc de parmesan. D'autant plus qu'il se conserve fort bien, enveloppé dans du papier d'aluminium. Râpez la quantité de fromage dont vous avez besoin, au fur et à mesure de vos préparations.

Pommes de terre au genièvre

Pour 4 personnes – Préparation : 40 min

Ingrédients

- 800 g de pommes de terre
- 12 baies de genièvre
- 2 échalotes
- 1 gousse d'ail
- 1 citron
- 5 cuillères à soupe d'huile de tournesol
- Sel et poivre

Préparation

Lavez et essuyez les pommes de terre, sans les peler. Mettez-les dans une casserole, ajoutez 2 litres d'eau et du sel. Portez à ébullition, puis poursuivez tranquillement la cuisson pendant 25 minutes.

Pelez et hachez les échalotes et l'ail. Pilez les baies de genièvre dans un mortier, au pilon. Pressez le citron et filtrez le jus.

Dans un bol, versez l'huile, le jus de citron, les échalotes, l'ail et les baies de genièvre. Fouettez vivement pendant 3 minutes, jusqu'à obtention d'une émulsion homogène. Salez et poivrez.

Égouttez les pommes de terre et pelez-les dès qu'elles ne sont plus brûlantes. Coupez-les en rondelles au-dessus d'un grand plat creux. Arrosez-les de sauce, mélangez, rectifiez l'assaisonnement et servez aussitôt.

Grand-mère conseille

Pour cette préparation, choisissez des pommes de terre de même forme et même taille. Si vous n'avez pas de mortier et de pilon, écrasez les baies de genièvre au rouleau à pâtisserie, en les mettant entre deux feuilles de film plastique alimentaire.

Pommes de terre sautées à la marjolaine

Pour 4 personnes – Préparation : 50 min

Ingrédients

- 500 g de pommes de terre
- 2 tomates
- 1 branche de marjolaine
- 1/2 oignon
- 4 cuillères à soupe d'huile d'olive extra-vierge
- 1 cuillère à soupe de persil haché
- 1 cuillère à soupe de marjolaine
- 30 cl de vinaigre balsamique
- Sel et poivre

Préparation

Lavez et équeutez les tomates, puis coupez-les en rondelles. Coupez le demi-oignon en rondelles. Pelez les pommes de terre et coupez-les en rondelles.

Versez 2 cuillères à soupe d'huile d'olive dans une poêle et faites chauffer. Faites-y frire les rondelles de pommes de terre. Assaisonnez-les de sel et de poivre en prenant soin de goûter.

Préchauffez le four à 200 °C. Versez 1 cuillère à soupe d'huile d'olive dans une poêle et faites-y revenir les oignons.

Faites chauffer le vinaigre pendant 5 minutes. Ajoutez les pommes de terre, les oignons et la branche de marjolaine. Enfournez et faites cuire pendant 12 minutes. Sortez alors la préparation du four, arrosez-la avec le reste d'huile d'olive et ajoutez les tomates. Saupoudrez de persil et de marjolaine, puis servez aussitôt.

Grand-mère conseille

Privilégiez des pommes de terre à chair ferme. Si vous conservez des pommes de terre chez vous, il arrive qu'elles germent. Une ou deux pommes glissées parmi vos pommes de terre empêcheront ces dernières de germer.

Pourpier aux œufs durs

Pour 4 personnes – Préparation : 20 min

Ingrédients

- 400 g de pourpier
- 2 œufs
- 2 cornichons
- 5 cl d'huile de maïs
- 3 cl de vinaigre de vin blanc
- Sel et poivre

Préparation

Faites cuire les œufs à l'eau bouillante pendant une dizaine de minutes, puis rafraîchissez-les à l'eau très froide. Écalez-les.

Triez soigneusement le pourpier. Éliminez les tiges qui sont trop grosses. Lavez les feuilles. Si le pourpier n'est pas très jeune et frais, vous pouvez le saupoudrer légèrement de sel et le faire dégorger au frais pendant une demi-heure environ avant de l'égoutter.

Émincez finement les cornichons. Préparez la vinaigrette. Coupez les œufs durs en rondelles.

Mettez le pourpier dans un grand plat creux. Ajoutez-y les rondelles d'œufs durs et les rondelles de cornichons.

Assaisonnez avec la vinaigrette, tournez et servez aussitôt.

Grand-mère conseille

Si les coquilles d'œufs commencent à craquer en cours de cuisson, ajoutez rapidement 1 cuillère à soupe de vinaigre à l'eau de cuisson : cela empêchera le blanc de s'écouler. Pour écaler facilement un œuf dur, roulez-le d'abord sur votre plan de travail afin de fendiller la coquille. Écalez-le ensuite sous un filet d'eau froide.

Salade d'épinards et de bourrache

Pour 4 personnes – Préparation : 15 min

Ingrédients

- 200 g d'épinards
- 1 oignon
- 1 gousse d'ail
- 1 tasse de bourrache
- 1 tasse de yaourt
- 5 cuillères à soupe d'huile d'olive extra-vierge
- 2 cuillères à soupe de jus de citron fraîchement pressé
- 2 cuillères à soupe d'aneth
- 1 cuillère à soupe d'estragon
- 1 cuillère à soupe de menthe
- Sel et poivre

Préparation

Hachez grossièrement les épinards. Hachez finement et séparément la bourrache, l'estragon, l'aneth et la menthe. Épluchez l'oignon et émincez-le finement. Pelez la gousse d'ail et écrasez-la.

Mettez les légumes et les herbes (sauf l'ail) dans un grand plat creux.

Dans un bol, versez le yaourt, l'huile, le jus de citron et l'ail. Mélangez le tout délicatement. Goûtez et rectifiez l'assaisonnement si nécessaire.

Nappez ensuite la salade avec cette sauce, mélangez à nouveau et servez aussitôt.

Grand-mère conseille

Si vous désirez retirer les côtes des branches d'épinards, voici comment procéder : pliez la feuille d'épinard en deux. Tenez-la d'une main et, de l'autre, tirez d'un coup sec sur la côte, qui viendra toute seule. Il n'y a même pas besoin de couteau !

Salade de pissenlits au fromage blanc

Pour 4 personnes – Préparation : 5 min

Ingrédients

- 300 g de pissenlits
- 100 g de fromage blanc
- 50 g de fromage bleu
- 1 cuillère à soupe de moutarde à l'ancienne

Préparation

Lavez et nettoyez soigneusement les pissenlits. Coupez grossièrement les feuilles, puis mélangez-les avec le bleu préalablement émietté.

Transvasez la préparation dans un grand plat creux.

Préparez l'assaisonnement de la salade. Mettez le fromage blanc dans un bol, ajoutez la moutarde et mélangez intimement.

Versez ensuite cet assaisonnement sur la salade, tournez-la et servez aussitôt.

Grand-mère conseille

Si vous faites attention à votre ligne, vous pouvez utiliser du fromage blanc à 0 % de matières grasses et un bleu à seulement 20 %. Pour cette salade, comme pour toutes les préparations crues, privilégiez les jeunes feuilles de pissenlit qui sont délicieusement tendres et croquantes. En revanche, les feuilles plus âgées sont meilleures lorsqu'elles sont cuites. Quelle qu'elle soit, la moutarde se conserve longtemps au réfrigérateur. Si vous voulez allonger encore sa conservation, coiffez-la d'une rondelle de citron : cela l'empêchera de se dessécher. Si vous avez oublié de le faire et qu'elle est un peu sèche, délayez-la avec un petit filet de vinaigre additionné de sucre.

Salade de pissenlits aux pommes de terre et aux lardons

Pour 4 personnes – Préparation : 45 min

Ingrédients

- 250 g de feuilles de pissenlit
- 45 g de poitrine fumée
- 2 échalotes
- 1 pomme de terre
- 4 cuillères à soupe de fond de volaille non salé
- 2 cuillères à soupe de vinaigre de vin rouge
- 1 cuillère à soupe d'huile de maïs
- 1/2 cuillère à café de sucre
- Sel et poivre

Préparation

Lavez et essorez les feuilles de pissenlit. Transvasez-les dans un grand plat creux. Coupez la poitrine en bâtonnets. Épluchez et hachez finement les échalotes.

Faites bouillir la pomme de terre pendant 15 minutes, jusqu'à ce qu'elle soit tendre. Retirez-la de l'eau et, dès qu'elle est assez froide pour être manipulée, pelez-la et coupez-la en dés.

Versez l'huile dans une poêle à fond épais et chauffez-la à feu modéré. Faites-y sauter les échalotes et la poitrine pendant 4 ou 5 minutes, jusqu'à ce qu'elle dore. Ajoutez les dés de pomme de terre et poursuivez la cuisson pendant 3 minutes jusqu'à ce qu'ils soient rissolés.

En remuant, versez le vinaigre dans la poêle et laissez cuire encore 2 minutes. Ajoutez le fond de volaille, le sucre, le sel et le poivre. Faites revenir, sans cesser de remuer, pendant 3 minutes environ : le liquide doit avoir réduit de moitié.

Versez alors le contenu de la poêle dans le plat contenant le pissenlit, tournez et servez aussitôt.

Grand-mère conseille

Il existe quantité de variétés de pommes de terre, à utiliser selon vos préparations. La ratte et la viole conviennent pour la purée. Les belles de Fontenay sont parfaites pour la cuisson à la vapeur. Pour les frites, la bintje est idéale. Pour cette préparation, choisissez une pomme de terre à chair ferme.

Salade de pommes de terre au haddock et à l'aneth

Pour 4 personnes – Préparation : 45 min

Ingrédients

- 500 g de pommes de terre
- 300 g de haddock
- 200 g de salade verte
- 20 brins d'aneth frais
- 20 cl de lait
- Sel et poivre

Préparation

Faites tremper le haddock dans de l'eau pour le dessaler. Versez le lait dans un poêlon, ajoutez 20 centilitres d'eau et portez à ébullition. Plongez-y le haddock et laissez-le pocher pendant 5 minutes. Laissez-le alors refroidir dans le liquide. Dès qu'il est tiède, égouttez-le et découpez-le en fines lanières.

Faites cuire les pommes de terre en chemise (avec leur peau), puis épluchez-les encore tièdes et coupez-les en rondelles.

Lavez la salade verte et hachez-la grossièrement. Ciselez l'aneth.

Disposez la salade verte sur des assiettes individuelles, puis ajoutez les rondelles de pommes de terre encore tièdes et les lanières de poisson. Parsemez d'aneth ciselé, assaisonnez de sel et de poivre et servez aussitôt.

Grand-mère conseille

Pour agrémenter cette salade, prévoyez une vinaigrette composée de 2 cuillères à soupe d'huile d'olive extra-vierge, de 4 cuillères à soupe de vinaigre de Xérès, de sel et de poivre.

Petite astuce pour dessaler et donner du moelleux au haddock : faites-le tremper dans du lait mélangé à du yaourt. Les ferments lactiques du yaourt vont neutraliser le sel et attendrir la chair du poisson.

Salade de pourpier aux oignons nouveaux

Pour 4 personnes – Préparation : 15 min

Ingrédients

- 400 g de salade de pourpier
- 1 botte d'oignons nouveaux
- 2 cuillères à soupe d'huile de noix
- 1 cuillère à soupe de vinaigre de Xérès
- Fleur de sel, sel et poivre

Préparation

Lavez à plusieurs reprises le pourpier à grande eau. Parez les oignons, puis détaillez-les en rondelles.

Préparez une vinaigrette. Dans un petit bol, mélangez l'huile de noix et le vinaigre de Xérès. Assaisonnez de sel et de poivre selon vos préférences et mélangez intimement.

Mettez le pourpier dans un grand plat creux. Ajoutez-y les oignons émincés et mélangez. Nappez de vinaigrette, ajoutez une petite pincée de fleur de sel et servez aussitôt.

Grand-mère conseille

Ne soyez pas trop généreux avec l'huile de noix, car sa puissance aromatique est très forte. Pour éviter que votre huile de cuisson ou d'assaisonnement ne rancisse : conservez-la debout et à l'abri de la lumière. Si vous ajoutez un peu d'alcool de fruit ou de sel fin dans la bouteille, vous allongez aussi sa durée de conservation. N'utilisez cependant jamais une huile de plus de deux ans.

Tarte aux courgettes et au fenouil

Pour 4 personnes – Préparation : 1 h + 20 min de repos

Ingrédients

- 125 g de farine blanche
- 60 g de beurre
- Sel

Pour la garniture :
- 300 g de courgettes
- 300 g de fenouil
- 15 g de farine de maïs
- 1/2 bouquet d'aneth
- 20 cl de lait
- Sel et poivre

Préparation

Dans un grand bol, mélangez la farine blanche, le beurre et une petite pincée de sel. Ajoutez 2 cuillères à soupe d'eau, mélangez, puis laissez reposer la pâte pendant 20 minutes.

Ciselez l'aneth. Lavez et râpez les courgettes et le fenouil. Faites-les cuire à la vapeur pendant 15 minutes.

Préchauffez le four à 180 °C. Étalez la pâte et disposez-la dans un moule à tarte de 24 centimètres de diamètre. Délayez la farine de maïs dans le lait froid et laissez épaissir à feu doux. Ajoutez l'aneth, salez et poivrez.

Disposez les légumes cuits sur la pâte, puis versez la béchamel.

Enfournez et faites cuire pendant 30 minutes environ. Servez dès la sortie du four.

Grand-mère conseille

Vous pouvez remplacer le lait par du lait de soja. Servez cette tarte aux courgettes et au fenouil avec une salade de tomates. Elle ravira les gourmets, y compris les végétariens.

Tarte aux oignons et au miel

Pour 4 personnes – Préparation de la pâte : 10 min
(plusieurs heures avant cuisson) – Préparation : 50 min

Ingrédients

- 250 g de farine
- 175 g de beurre
- 1 jaune d'œuf
- Sel

Pour la garniture :
- 2 bottes d'oignons nouveaux
- 50 g de raisins secs
- 30 g de beurre
- 3 cuillères à soupe de miel liquide
- Sel et poivre

Préparation

Préparez la pâte. Versez la farine dans un plat creux, creusez un puits au milieu, versez-y le beurre en parcelles et une pincée de sel. Malaxez du bout des doigts et incorporez le jaune d'œuf. Pétrissez (ajoutez de l'eau si besoin) jusqu'à l'obtention d'une pâte souple. Façonnez-la en une boule, enveloppez-la dans un film alimentaire, glissez-la au réfrigérateur et laissez reposer pendant 3 heures.

Sortez la pâte du réfrigérateur et laissez-la à température ambiante un quart d'heure avant de l'utiliser.

Préchauffez le four à 180°C. Épluchez les oignons. Faites chauffer le beurre dans une casserole. Faites-y confire les oignons à feu doux, en remuant, pendant 10 minutes. Arrosez-les de miel, salez et poivrez, ajoutez les raisins et poursuivez la cuisson pendant 5 minutes.

Versez les oignons dans un moule à manqué beurré et recouvrez-les de pâte. Faites cuire pendant 25 minutes.

Grand-mère conseille

Vous pouvez présenter cette tarte, qui se déguste tiède ou froide, pour accompagner un plat de volaille.

7. LES SAUCES & CONDIMENTS

Confit d'oignons à l'aigre-doux

Pour 1 litre – Préparation : 1 h 20 min

Ingrédients

- 1,5 kg de petits oignons nouveaux
- 500 g de pommes acides
- 1 gousse d'ail
- 1 échalote
- 1 citron
- 4 cuillères à soupe de miel de lavande
- 4 cuillères à soupe de coulis de tomates
- 1 cuillère à café de cannelle en poudre
- 35 cl de vinaigre de vin rouge vieux
- Sel et poivre

Préparation

Parez les oignons en gardant un peu de vert. Coupez-les en deux dans la longueur. Pelez les pommes, retirez le cœur et les pépins, coupez les fruits en quartiers. Zestez le citron et réservez-le. Pressez le citron.

Pelez et hachez l'ail et l'échalote. Versez ces ingrédients dans une casserole en acier inoxydable, ajoutez 30 centilitres d'eau et portez à la limite de l'ébullition. Laissez frémir puis mijoter pendant 20 minutes.

Ajoutez 20 centilitres de vinaigre, couvrez et poursuivez la cuisson pendant 20 minutes. Pommes et oignons doivent être fondus.

Ajoutez le reste de vinaigre mélangé avec le miel, la cannelle et le coulis de tomates. Salez, poivrez et continuez la cuisson à découvert, en remuant, pendant 20 minutes, jusqu'à obtention d'une consistance de marmelade épaisse.

Retirez la casserole du feu, laissez reposer pendant 15 minutes et transvasez le confit dans les pots à fermer bien hermétiquement.

Grand-mère conseille

Ce condiment accompagne à merveille crudités, terrines et viandes froides.

Sauce aïoli

Pour 2 personnes – Préparation : 15 min

Ingrédients

- 4 gousses d'ail
- 1 jaune d'œuf dur
- 1 jaune d'œuf cru
- 35 cl d'huile d'olive extra-vierge
- Sel et poivre

Préparation

Pelez les gousses d'ail, puis fendez-les en deux. Retirez le germe qui donne un goût amer, puis mettez les gousses dans un mortier.

Ajoutez les 2 jaunes d'œufs et broyez le mélange au pilon, le plus finement possible. Assaisonnez de sel et poivre en prenant soin de goûter.

Sans cesser de broyer au pilon, ajoutez petit à petit l'huile d'olive, en filet, comme si vous réalisiez une mayonnaise. La sauce est prête dès qu'elle a pris une consistance homogène et ferme.

Grand-mère conseille

La sauce aïoli accompagne le poisson poché froid (une morue pochée exige de l'aïoli !), la viande froide, les œufs durs, les légumes grillés et les crudités. La soupe de poissons méditerranéenne ne peut s'en passer.

Sauce au cresson

Pour 4 personnes – Préparation : 15 min

Ingrédients

- 1 ou 2 bottes de cresson de fontaine
- 15 cl de crème fraîche
- Jus de citron fraîchement pressé
- Sel et poivre

Préparation

Coupez la plus grande partie des tiges et lavez très soigneusement les bottes de cresson.

Mettez-les ensuite dans le bol d'un mixeur et hachez-les finement. Ajoutez la crème fraîche et continuez à mixer jusqu'à obtention d'une sauce bien onctueuse, tout à fait homogène et d'une belle couleur vert clair.

Ajoutez alors à la sauce un peu de jus de citron, assaisonnez de sel et de poivre selon votre goût et mixez encore quelques secondes.

Grand-mère conseille

Cette sauce vous laissera en bouche une agréable et rafraîchissante saveur doucement acidulée. Un poisson entier, nappé d'une sauce au cresson bien lisse et d'un vert appétissant, fait un splendide repas de fête.

Sauce au persil

Pour 4 personnes – Préparation : 20 min

Ingrédients

- 15 g de persil plat
- 25 g de beurre
- 25 g de farine
- 3 cuillères à soupe de crème fraîche
- 25 cl de bouillon
- 25 cl de lait
- Sel et poivre

Préparation

Équeutez le persil, ciselez finement les feuilles et mélangez-les avec la moitié du bouillon. Mixez jusqu'à ce que le persil soit très finement haché.

Mettez le beurre dans une casserole à fond épais et faites-le fondre. Dès qu'il commence à mousser, ajoutez la farine et mélangez. Faites doucement cuire ce mélange pendant 2 minutes environ, sans cesser de remuer à l'aide d'une cuillère en bois.

Retirez alors la casserole du feu et incorporez peu à peu le bouillon au persil, puis le reste de bouillon. Dès que la consistance est lisse, ajoutez le lait et faites chauffer. Portez à ébullition tout en remuant, puis baissez le feu et poursuivez la cuisson pendant 5 minutes environ, sans cesser de remuer, jusqu'à obtention d'une consistance brillante et onctueuse.

Incorporez la crème fraîche, assaisonnez légèrement de sel et de poivre et faites réchauffer pendant 1 minute.

Grand-mère conseille

Cette sauce classique ne manquera pas de vous étonner par sa saveur, surtout si vous la préparez avec du persil plat.

Sauce au poivre vert

Pour 4 personnes – Préparation : 15 min

Ingrédients

- 25 g de beurre
- 2 gousses d'ail
- 1 oignon
- 2 cuillères à soupe de grains de poivre vert, en saumure
- 20 cl de crème fraîche
- Sel

Préparation

Égouttez soigneusement les grains de poivre. Épluchez et hachez finement l'oignon et les gousses d'ail.

Dans un mortier, écrasez finement les grains de poivre au pilon. Réservez-les.

Mettez le beurre dans une poêle et faites chauffer. Dès qu'il mousse, faites-y revenir doucement l'oignon pendant 5 minutes. Ajoutez ensuite l'ail et poursuivez la cuisson pendant 1 minute.

Incorporez alors le poivre vert pilé, puis la crème fraîche. Mélangez et assaisonnez la préparation de sel en prenant soin de goûter. Faites-la doucement réchauffer pendant 2 minutes environ. Servez aussitôt.

Suggestion

Relevée, mais agréablement onctueuse : cette sauce accompagne les plus belles pièces de bœuf et d'agneau grillées ou sautées à la poêle.

Grand-mère conseille

Si vous faites poêler votre viande, terminez la sauce dans la poêle de cuisson de la viande, en récupérant les sucs. Délicieux ! Pour éviter que votre sauce chaude se fige et forme une « peau » à la surface, faites fondre une noix de beurre et versez-la sur la surface de la sauce.

Sauce moutarde à l'estragon

Pour 4 personnes – Préparation : 10 min

Ingrédients

- 6 brins d'estragon
- 2 oignons blancs
- 2 gousses d'ail
- 1 citron non traité
- 1 cuillère à soupe de graines de moutarde (blanche ou noire)
- 2 cuillères à café de sucre en poudre
- 1 cuillère à café de moutarde douce
- 10 cl d'huile de tournesol
- Sel

Préparation

Zestez et pressez le citron. Épluchez et hachez les oignons et les gousses d'ail.

Faites griller à sec (sans matière grasse) les graines de moutarde dans une petite poêle pendant 3 à 4 minutes, jusqu'à ce qu'elles commencent à éclater.

Effeuillez les branches d'estragon et mettez les feuilles dans le bol mélangeur d'un robot ménager, avec les graines de moutarde. Ajoutez le zeste et le jus de citron, la moutarde, les oignons, l'ail, le sucre et une pointe de sel. Mixez le tout jusqu'à obtention d'une consistance homogène. La sauce doit adhérer aux parois du bol mélangeur.

Tout en continuant à actionner le robot ménager, versez peu à peu l'huile, jusqu'à obtention d'une sauce lisse et épaisse. Versez-la dans une saucière, couvrez et mettez au réfrigérateur jusqu'au moment de l'utiliser.

Suggestion

Cette sauce accompagne les viandes et volailles froides, voire du gibier rôti.

Grand-mère conseille

Savez-vous que vous pouvez fabriquer facilement votre « moutarde-maison » ? Rien de plus simple ! Broyez des graines de moutarde noires et blanches et ajoutez-y du vinaigre jusqu'à obtention d'une pâte. En fonction de votre goût, vous pouvez aromatiser cette pâte — votre moutarde — avec du miel ou les condiments de votre choix.

Vinaigrette au gingembre et à la coriandre

Pour 4 personnes – Préparation : 10 min + 1 h de marinade

Ingrédients

- 1 bouquet de coriandre fraîche
- 5 cuillères à soupe d'huile de colza
- 2 cuillères à soupe de vinaigre de Xérès
- 1 cuillère à café de sucre
- 1 cuillère à café de vinaigre balsamique
- 4 cm de gingembre frais
- Sel

Préparation

Pelez le gingembre et râpez-le. Mettez-le ensuite dans un bol. Ajoutez une pointe de sel, le sucre, les deux vinaigres, puis versez l'huile de colza en fouettant.

Ciselez la coriandre et incorporez-la à la préparation.

Laissez alors mariner le tout pendant une heure environ avant d'utiliser la vinaigrette.

Suggestion

Cette vinaigrette accompagne parfaitement une salade de tomates et rehausse les œufs durs.

Grand-mère conseille

Doux, foncé et sirupeux, le vinaigre balsamique est le plus cher du monde… mais aussi le plus subtil. Fabriqué exclusivement dans la région de Modène, en Italie, il doit obligatoirement arborer la mention « Modena » sur sa bouteille. Si vous voyez une bouteille qui porte la seule inscription « vinaigre balsamique », méfiez-vous : il s'agit d'une fade imitation qui n'a rien à voir avec un vinaigre balsamique digne de ce nom.

Vinaigrette au vinaigre de cidre et à l'huile de tournesol

Pour 4 personnes – Préparation : 5 min

Ingrédients

- 4 cuillères à soupe de vinaigre de cidre
- 2 cuillères à soupe d'huile de tournesol
- Noix de muscade
- Sel et poivre

Préparation

Versez le vinaigre de cidre dans un bol et ajoutez-y l'huile de tournesol.

Assaisonnez de noix de muscade, de sel et de poivre à votre convenance.

Mélangez ensuite intimement tous les ingrédients.

Suggestion

Très digeste, mais aussi pleine d'arômes, cette vinaigrette agrémente de nombreuses salades variées.

Grand-mère conseille

Sachez que si vous avez quelques carences, l'huile de tournesol constitue un complément nutritif particulièrement intéressant. Pressée à froid, cette huile possède une valeur calorique de 900 kcal / 100 g. Elle est pauvre en acide gras essentiel oméga-3. En revanche, elle est riche en acide gras essentiel oméga-6 et en vitamine C.

8. LES DESSERTS, GOURMANDISES & BOISSONS

Angélique confite

Pour 4 personnes - Préparation : 1 h + 48 h de repos

Ingrédients

- 500 g de tiges d'angélique
- 500 g de sucre

Préparation

Retirez soigneusement toutes les feuilles et toutes les fleurs des tiges d'angélique. Coupez ensuite celles-ci en morceaux d'environ 5 centimètres de long. Faites-les alors cuire dans une casserole remplie d'eau. Dès la fin de la cuisson, videz toute l'eau et laissez les tiges d'angélique refroidir dans la casserole. Retirez la peau.

Versez 300 grammes de sucre dans un plat creux et ajoutez-y l'angélique. Couvrez avec un linge propre et laissez reposer pendant deux jours.

Transvasez alors cette préparation dans une casserole et ajoutez-y 30 centilitres d'eau. Portez le tout à ébullition, puis laissez doucement mijoter jusqu'à ce qu'il n'y ait plus de liquide. À ce moment-là, laissez refroidir à température ambiante, puis saupoudrez les tiges d'angélique avec le reste de sucre (soit 200 grammes). Laissez-les sécher complètement avant de les consommer.

Grand-mère conseille

Les angéliques sont devenues rares, mais n'en sont peut-être que plus savoureuses encore : ces angéliques confites se conservent aisément dans un récipient hermétiquement fermé. Pour cette préparation qui exige un peu de temps, mais dont le résultat vous ravira, privilégiez toujours des tiges d'angélique non traitées, de qualité biologique.

Beignets de fleurs d'acacia

Pour 20 beignets – Préparation : 25 min + 1 h de repos

Ingrédients

- 250 g de farine
- 20 fleurs d'acacia
- 3 œufs
- 1 cuillère à café d'huile de tournesol
- 25 cl de bière
- 25 cl de lait
- Sucre en poudre
- Huile de friture

Préparation

Tamisez la farine au-dessus d'un bol et creusez un puits au milieu. Cassez les œufs et battez-les en omelette avec le lait. Versez-les dans le puits, avec la bière et l'huile de tournesol.

Travaillez le mélange à l'aide d'une cuillère en bois jusqu'à obtention d'une préparation fluide, sans grumeaux. Laissez reposer pendant 1 h.

Faites chauffer l'huile de friture à 160 °C.

Prenez les fleurs d'acacia par la tige et plongez-les une à une dans la pâte à beignets. Transvasez-les aussitôt dans la friture chaude. Les beignets coulent, puis remontent à la surface après quelques secondes. À ce moment-là, retournez-les délicatement et poursuivez leur cuisson pendant 10 secondes. Retirez-les alors de la friture et essuyez-les doucement sur du papier absorbant.

Juste avant de servir, saupoudrez-les de sucre en poudre.

Grand-mère conseille

Pour qu'elles adhèrent convenablement à la pâte, les fleurs d'acacia doivent être bien sèches. Vous pouvez les laver la veille de la préparation, puis les disposer sur un torchon et les laisser sécher jusqu'au lendemain.

Biscotins aux amandes

Pour 6 personnes – Préparation : 25 min + 1 h de repos

Ingrédients

- 250 g de farine
- 250 g de sucre en poudre
- 150 g de poudre d'amandes
- 50 g de beurre
- 3 œufs
- 1 citron non traité
- Sucre glace
- Sel

Préparation

Tamisez la farine au-dessus d'un plat, puis creusez un puit au milieu. Versez-y les œufs et incorporez-les à la farine. Ajoutez une pincée de sel et le sucre en poudre. Mélangez intimement. Versez ensuite la poudre d'amandes, puis râpez le zeste du citron au-dessus de la préparation. Mélangez à nouveau. Dès que la pâte est homogène, ramassez-la en une boule et laissez-la reposer au frais, dans du film alimentaire, pendant 1 heure.

Déballez alors la pâte et posez-la sur un plan de travail fariné. Étalez-la sur une épaisseur de 2 centimètres et coupez cette couche de pâte en morceaux oblongs de 10 centimètres de longueur sur 2 centimètres de largeur.

Beurrez et farinez légèrement la plaque du four. Disposez-y les bâtons de pâte, en les espaçant. Enfournez et faites cuire pendant 15 minutes environ à 180°C.

Dès la sortie du four, saupoudrez les biscotins de sucre glace et laissez-les refroidir avant de les déguster.

Grand-mère conseille

Typiques de la cuisine du Roussillon, ces biscotins sont faciles et amusants à préparer. Ils accompagnent salades de fruits et crèmes glacées, mais apprécient aussi la compagnie d'un superbe muscat de la région.

Cake à l'abricot et aux graines de tournesol

Pour 16 tranches – Préparation : 1 h

Ingrédients

- 200 g d'abricots secs
- 125 g de yaourt nature
- 120 g de cassonade
- 75 g de farine complète avec levure incorporée
- 60 g de farine blanche avec levure incorporée
- 60 g de graines de tournesol
- 1 œuf battu
- 1 cuillère à café de bicarbonate de soude
- 12,5 cl de jus de citron fraîchement pressé
- Beurre

Préparation

Dans une casserole, mélangez les abricots, la cassonade, le bicarbonate de soude, le jus de citron et 12,5 centilitres d'eau. Mettez sur le feu et portez à ébullition avant de laisser mijoter, à couvert, pendant 1 minute environ. Retirez alors la casserole du feu et laissez refroidir la préparation.

Préchauffez le four à 170 °C. Graissez un moule à cake rectangulaire avec un peu de beurre.

Dans un bol, mélangez l'œuf et le yaourt nature. Incorporez les graines de tournesol et les abricots. Tamisez les deux farines et ajoutez-les à la pâte, puis remuez délicatement. Versez l'ensemble dans le moule à cake, enfournez et faites cuire pendant 40 minutes environ, en surveillant la cuisson.

À la fin de la cuisson, sortez le cake du four et laissez-le refroidir avant de le découper.

Grand-mère conseille

Ce cake convient parfaitement pour toutes les petites faims et gourmandises. Préparez ce cake pour les petits en-cas à la maison ou pour l'emporter en promenade et en pique-nique.

Clafoutis aux fraises et au chocolat parfumé de lavande

Pour 4 personnes – Préparation : 50 min + 30 min de repos

Ingrédients

- 250 g de fraises
- 100 g de sucre semoule
- 40 g de farine
- 8 brins de lavande
- 4 carrés de chocolat noir
- 3 jaunes d'œufs
- 2 œufs entiers
- 1 sachet de sucre vanillé
- 15 cl de lait
- 15 cl de crème fleurette
- Beurre

Préparation

Versez le lait et la crème dans une casserole et faites chauffer. Faites-y infuser les brins de lavande pendant une demi-heure, puis filtrez le contenu de la casserole.

Versez les deux œufs entiers, les trois autres jaunes d'œufs, le sucre semoule et le sucre vanillé dans un grand plat creux. Émulsionnez ces ingrédients pour les blanchir, puis incorporez la farine. Versez alors le lait tiède en filet, sans cesser de mélanger.

Versez la préparation obtenue dans des ramequins individuels préalablement beurrés et sucrés. Ajoutez les fraises lavées, équeutées et coupées en deux. Au centre de chaque ramequin, disposez un carré de chocolat, puis enfournez.

Faites cuire pendant 15 minutes environ, en surveillant la cuisson. Le centre de chaque ramequin doit rester légèrement tremblant.

À la fin de la cuisson, sortez les récipients du four et laissez tiédir la préparation avant de servir.

Grand-mère conseille

Conservez toujours votre chocolat au frais, en-dessous de 15 °C, soigneusement emballé dans du papier sulfurisé, puis dans du papier d'aluminium.

Compote d'abricots aux amandes et au tilleul

Pour 4 personnes – Préparation : 25 min + 10 min d'infusion

Ingrédients

- 1 kg d'abricots mûrs
- 1 poignée de feuilles fraîches de tilleul
- 4 cuillères à soupe d'amandes effilées
- 4 cuillères à soupe de miel de tilleul

Préparation

Mettez les feuilles de tilleul dans un bol et recouvrez-les avec 30 centilitres d'eau bouillante. Laissez infuser pendant une dizaine de minutes.

Passez ensuite l'infusion obtenue et transvasez-la dans une casserole. Ajoutez-y le miel.

Coupez les abricots en deux et ouvrez-les. Retirez le noyau et découpez les oreillons en petits morceaux. Ajoutez-les dans la casserole et portez sur le feu. Faites cuire à petit feu jusqu'à ce que le sirop soit réduit et les abricots fondants.

Laissez ensuite refroidir la préparation avant de la répartir dans des coupelles individuelles.

Faites griller les amandes effilées dans une poêle, puis parsemez en le dessus de chaque coupelle.

Grand-mère conseille

Pour griller facilement des amandes effilées, rien de plus simple : étalez-les sur la plaque du four et glissez celle-ci quelques instants sous le gril. Le tour est joué ! Sachez cependant que les amandes torréfiées rendent généralement moins d'huile que les amandes non-torréfiées.

Compote épicée à la cardamome

Pour 4 personnes – Préparation : 45 min

Ingrédients

- 1 kg de pommes
- 1 orange
- 1 bâton de cannelle
- 1 clou de girofle
- 2 cuillères à soupe de raisins secs
- Les graines de 2 gousses de cardamome

Préparation

Pelez tout d'abord l'orange à vif, puis détaillez-la en quartiers. Épluchez toutes les pommes, retirez les queues, le cœur et les graines, puis coupez les fruits en petits cubes.

Mettez le bâton de cannelle dans une sauteuse et ajoutez le clou de girofle et les graines de cardamome. Faites rapidement et légèrement griller le tout à sec (c'est-à-dire sans matière grasse). Ajoutez ensuite les quartiers d'orange, les cubes de pommes et les raisins secs.

Couvrez et faites cuire le tout, sans cesser de remuer la préparation, jusqu'à ce que les dés de pommes s'écrasent très aisément.

Vous n'avez plus qu'à déguster !

Grand-mère conseille

Cette recette peut se déguster chaude ou froide, selon le goût de chacun ou l'envie du moment. Chaude, savourez-la avec une boule de glace à la vanille. Froide, accompagnez-la d'un simple petit biscuit sec. Dans les deux cas, elle est tout simplement délicieuse !

Galette à l'angélique

Pour 6 personnes – Préparation : 1 h

Ingrédients

- 400 g de farine
- 225 g de sucre
- 150 g de beurre ramolli
- 60 g d'angélique confite
- 2 œufs
- 1 jaune d'œuf
- 1 sachet de levure chimique
- Lait
- Sel

Préparation

Cassez les deux œufs entiers dans une terrine et battez-les en omelette avec une pincée de sel. Ajoutez le sucre et travaillez soigneusement le mélange à l'aide d'une spatule jusqu'à obtention d'une consistance mousseuse et d'une belle couleur jaune pâle.

Incorporez ensuite peu à peu la farine, en pluie. Ajoutez enfin 125 grammes de beurre ramolli, puis pétrissez la pâte pendant quelques minutes, en ajoutant la levure, puis l'angélique confite coupée en petits morceaux.

Avec le reste du beurre, graissez un moule à tarte à fond amovible.

Préchauffez le four à 200°C. Versez la pâte dans le moule et lissez le dessus à la spatule. À l'aide d'une fourchette, dessinez des stries à la surface de la préparation et badigeonnez avec du jaune d'œuf préalablement délayé dans un peu de lait.

Enfournez et faites cuire pendant 40 minutes environ.

À la fin de la cuisson, sortez la préparation du four et laissez-la refroidir complètement avant de la démouler.

Grand-mère conseille

Cette délicieuse galette se déguste froide. Les racines d'angélique possèdent une odeur forte et musquée. Elles entrent dans la composition de l'eau de mélisse, du gin, de la chartreuse. Les feuilles hachées peuvent assaisonner des soupes de poissons, mais vous permettent surtout de réaliser une délicieuse liqueur d'angélique quand vous les mélangez à du sucre, de la cannelle, quelques clous de girofle, de la muscade fraîchement râpée et de l'eau-de-vie.

Galettes de sarrasin aux pommes

Pour 4 personnes – Préparation : 30 min + 1 h de repos

Ingrédients

Pour la pâte à galettes :
- 70 g de farine blanche
- 25 g de farine de sarrasin
- 1 œuf
- 2,5 cuillères à soupe d'huile de maïs
- Sel

Pour la garniture :
- 500 g de pommes douces
- 2 cuillères à soupe de crème fleurette
- 2 pincées de cannelle en poudre
- 50 cl de jus de pommes non sucré

Préparation

Préparez la pâte à crêpes. Tamisez ensemble les farines et une pincée de sel. Dans un bol, battez l'œuf, 2 cuillères à soupe d'huile et 4 cuillères à soupe d'eau. Incorporez peu à peu les farines tamisées, jusqu'à obtention d'une pâte lisse et homogène. Couvrez, réfrigérez et laissez reposer pendant 1 heure.

Versez 35 centilitres de jus de pommes dans une casserole à fond épais. Portez à ébullition, puis faites bouillir à feu modéré pendant 25 minutes : il doit rester environ 4 cuillères à soupe de sirop de pommes. Réservez.

Pelez les pommes et coupez-les en quartiers. Retirez le cœur et les pépins, puis coupez les quartiers en tranches de 1 centimètre d'épaisseur. Mettez-les dans une poêle à fond épais, ajoutez la cannelle et le reste de jus de pommes, puis faites cuire à feu moyen pendant 20 minutes, en remuant régulièrement. Le liquide doit être presque complètement évaporé. Mixez ensuite le contenu de cette poêle jusqu'à obtention d'une purée et réservez celle-ci dans un endroit tiède.

Mettez une crêpière à chauffer sur feu vif. Versez-y le reste d'huile et étalez-la sur la surface de la poêle. Versez 2 grosses cuillères à soupe de pâte dans la crêpière et remuez-la pour bien recouvrir la surface. Faites cuire pendant 2 à 3 minutes, puis retournez la crêpe et faites cuire l'autre face pendant 30 secondes. Faites-la ensuite glisser sur un plat chaud et procédez de la même manière afin de réaliser 7 autres galettes.

Étalez 3 cuillères à soupe de purée de pommes tiède sur chaque crêpe. Pliez chaque galette en quatre et disposez les deux par deux sur des assiettes individuelles.

Grand-mère conseille

Arrosez-les avec 1 cuillère à soupe de sirop de pommes et décorez chaque assiette avec un peu de crème fleurette. Servez aussitôt.

Les desserts, gourmandises et boissons

Gâteau aux fruits et au safran

Pour 4 personnes – Préparation : 4 h 30 min

Ingrédients

- 500 g de farine bise
- 175 g de margarine
- 150 g d'abricots secs
- 125 g de cassonade
- 60 g de sucre glace tamisé
- 7 figues séchées
- 2 œufs
- 2 cuillères à soupe de safran en filaments
- 4 cuillères à café de levure chimique

Préparation

Réservez 4 abricots et 3 figues et hachez le reste des fruits. Préchauffez le four à 170 °C. Graissez un moule carré de 20 centimètres de côté. Recouvrez l'intérieur de papier sulfurisé et graissez-le.

Mettez le safran dans une casserole avec 17,5 centilitres d'eau. Portez à ébullition, puis retirez du feu. Laissez refroidir.

Dans un bol, tamisez la farine et la levure, puis ajoutez la margarine. Frottez jusqu'à obtention d'un mélange semblable à des miettes de pain. En remuant, ajoutez la cassonade, les fruits hachés, les œufs et 15 centilitres du liquide au safran. Battez ces ingrédients pendant 1 minute à l'aide d'une cuillère en bois.

Transférez ce mélange dans le moule et égalisez la surface à la spatule. Enfournez à mi-hauteur et faites cuire pendant 1 heure, jusqu'à ce que le gâteau soit brun doré, levé et élastique sous le doigt. Laissez-le alors reposer pendant 5 minutes dans le moule avant de le retourner sur une grille et de retirer le papier sulfurisé. Laissez-le refroidir sur cette grille.

Coupez les abricots réservés en deux et les figues réservées en tranches. Disposez-les en diagonale à la surface du gâteau. Mélangez le sucre glace avec le reste du liquide au safran et répandez-le sur le gâteau et les fruits.

Grand-mère conseille

Laissez reposer avant de déguster et proposez-le dans votre plus beau service.

Glace à la lavande

Pour 4 personnes
Préparation : 25 min + 30 min de repos + 4 h de congélation

Ingrédients

- 50 g de fleurs de lavande
- 100 g de pralines
- 60 g de sucre
- 4 jaunes d'œufs
- 30 cl de lait
- 30 cl de crème fraîche

Préparation

Versez le lait dans un poêlon et éparpillez-y les fleurs de lavande. Portez à ébullition, puis retirez du feu. Couvrez hermétiquement et laissez infuser pendant une demi-heure.

Versez les jaunes d'œufs dans une terrine. Ajoutez le sucre et mélangez vivement jusqu'à obtention d'une crème homogène et onctueuse. Pilez les pralines pour les réduire en poudre.

Passez le lait au travers d'une passoire tapissée d'une mousseline. Versez ce lait parfumé sur la crème aux jaunes d'œufs en fouettant de façon régulière.

Mettez alors la crème sur le feu et faites chauffer, sans cesser de remuer, jusqu'à ce qu'elle nappe une cuillère. À ce moment-là, retirez la casserole du feu et laissez refroidir.

Fouettez la crème fraîche et incorporez-la à la préparation. Mélangez intimement. Versez la moitié de la préparation dans un moule à cake, versez la poudre de pralines par-dessus, puis recouvrez avec le reste de crème. Glissez au congélateur et laissez prendre pendant 4 heures.

Grand-mère conseille

Pour démouler facilement la glace, plongez quelques instants le fond du moule dans une bassine d'eau bouillante.

Granité à la menthe

Pour 4 personnes – Préparation : 15 min + 6 h de repos

Ingrédients

- 5 cl de crème de menthe
- 30 cl de jus de citron vert (lime)
- 30 cl d'eau pure
- 40 g de sucre semoule

Préparation

Versez l'eau pure et le sucre semoule dans un bol et mélangez. Ajoutez ensuite le jus de citron vert ainsi que la crème de menthe. Remuez, versez la préparation obtenue dans un récipient qui ferme hermétiquement.

Glissez ce récipient soigneusement fermé au congélateur et laissez reposer et prendre au froid pendant au moins 6 heures.

Quelques minutes avant de servir la préparation, griffez le granité avec les dents d'une fourchette afin de le réduire en paillettes. Répartissez-le alors dans quatre coupes individuelles et servez aussitôt.

Suggestion

Parfait dans le cadre de cette recette, le citron vert accompagne aussi les poissons crus, la sauce mousseline, d'innombrables recettes asiatiques et une large panoplie de desserts.

Grand-mère conseille

Importé de Madagascar ou de Guyane pour les meilleurs d'entre eux, le citron vert — parfumé, mais sachant jouer la carte de la douceur — est le compagnon idéal de nombreuses préparations. Plutôt que du citron jaune, privilégiez la lime pour accompagner les tartares et carpaccios de poissons, pour agrémenter les recettes asiatiques ou pour parfumer de nombreux desserts et douceurs gourmandes.

Granité au café et à la cannelle

Pour 4 personnes – Préparation : 5 min + 2 h de congélation

Ingrédients

- 125 g de sucre
- 4 cuillères à soupe de café lyophilisé
- 1 cuillère à café de cannelle en poudre

Préparation

Préparez un café très fort, de manière classique. Ensuite, ajoutez la cannelle en poudre et le sucre. Mélangez intimement tous les ingrédients jusqu'à ce que le sucre soit complètement dissout. Laissez alors refroidir la préparation à température ambiante, puis transvasez-la dans un bac à congélation.

Glissez celui-ci au congélateur pendant 2 heures environ, en mélangeant le granité à la fourchette toutes les 30 minutes.

Après ce temps de congélation, répartissez le granité dans des coupes ou des verres individuels et servez aussitôt, très froid.

Grand-mère conseille

Vous êtes particulièrement gourmand ? Sans hésitation (et sans fausse honte !), décorez chaque verre de granité de crème chantilly et de copeaux de chocolat. Un pur délice ! De manière générale en cuisine, ayez toujours sous la main de la cannelle en poudre, mais aussi quelques bâtons de cannelle. Les deux vous seront très utiles pour agrémenter et parfumer certaines préparations.

Liqueur au thym et à la sarriette

Pour 1 petite bouteille – Préparation : 10 min + 20 jours de repos

Ingrédients

- 50 cl de cognac
- 3 cuillères à soupe de sucre
- 1 cuillère à soupe de thym frais
- 1 cuillère à soupe de miel
- 1 cuillère à café de sarriette
- 2 clous de girofle

Préparation

Sans les laver au préalable, mettez le thym et la sarriette dans un bocal.

Versez le miel dans une casserole, ajoutez le sucre, les clous de girofle et le cognac. Faites bouillir le tout pendant 2 à 3 minutes environ.

Laissez tiédir le mélange, puis transvasez-le dans le bocal contenant le thym et la sarriette. Refermez aussitôt, bien hermétiquement.

Rangez le bocal dans un endroit sombre, frais et sec et laissez reposer la préparation pendant une vingtaine de jours.

Grand-mère conseille

Vous pouvez bien sûr déguster cette liqueur telle quelle. Mais vous pouvez aussi l'utiliser pour parfumer et rehausser très agréablement la plupart des tisanes que vous savourerez au cœur de l'hiver. Pour cette préparation, le thym et la sarriette s'utilisent non lavés. Il est donc essentiel qu'ils proviennent de plants de qualité biologique, sans traitements. De plus, votre liqueur n'en sera que meilleure !

Melon à la menthe

Pour 4 personnes – Préparation : 15 min + 2 h de repos

Ingrédients

- 2 melons mûrs à point
- 24 feuilles de menthe fraîche
- 8 cuillères à soupe de vin de Rasteau

Préparation

Lavez et essuyez les melons, puis coupez-les en deux. À l'aide d'une cuillère, retirez toutes les graines.

À l'aide d'une cuillère à boules, prélevez la chair des melons et mettez-la dans un bol.

Arrosez les boules de melon obtenues avec le vin de Rasteau, mélangez délicatement et glissez le bol au réfrigérateur pendant au moins 2 heures. Égalisez l'intérieur des demi-melons et rangez-les également au frais.

Lavez les feuilles de menthe et épongez-les soigneusement.

Au moment de servir, mettez les boules de melon aromatisées au vin, avec leur macération, dans les écorces de melon.

Décorez enfin avec les feuilles de menthe et servez aussitôt.

Grand-mère conseille

Vin de dessert, le Rasteau, rouge ou doré, est idéal pour cette recette. Il peut être remplacé par un autre vin doux naturel. Pour choisir un melon, ne vous fiez pas au parfum, car un melon trop mûr dégage le même arôme qu'un melon mûr à point. Fiez-vous au poids : un melon lourd, avec une peau épaisse dénuée de tache doit avoir votre préférence.

Pastis occitan à l'armoise

Pour 1,5 litre – Préparation : 5 min + 16 jours de macération

Ingrédients

- 1 l d'alcool à 90°
- 30 g d'anis étoilé
- 10 g d'armoise
- 10 g de fenouil
- 10 g de réglisse

Préparation

Mettez l'anis étoilé dans l'alcool à 90° et laissez macérer pendant 2 semaines environ.

À ce moment-là, ajoutez les autres ingrédients : l'armoise, le fenouil et la réglisse. Laissez à nouveau macérer pendant 48 heures.

Passez et filtrez soigneusement la préparation obtenue avant de la mettre en bouteille.

Grand-mère conseille

Si vous voulez déguster ce pastis original dans les règles de l'art et l'apprécier pleinement, voici comment procéder : dans un verre, versez un fond — plus ou moins généreux — de cette préparation. Ajoutez-y de l'eau fraîche et pure, ainsi que quelques morceaux de sucre, selon votre goût. Arrêtez l'adjonction d'eau juste avant la précipitation du mélange. Vous n'avez plus qu'à savourer ! Et, bien entendu, n'oubliez pas que l'abus d'alcool... Ne confondez pas l'anis étoilé, aussi appelé badiane, avec l'anis vert dont on utilise les grains en pâtisserie, confiserie et distillerie.

Poires et figues au tilleul

Pour 4 personnes – Préparation : 40 min + 30 min de repos

Ingrédients

- 250 g de sucre en poudre
- 150 g de tilleul à infusion
- 100 g de fraises des bois
- 4 figues violettes
- 4 poires mûres
- 1 citron

Préparation

Coupez le citron en deux. Pelez les poires en les laissant entières. Citronnez-les pour les empêcher de noircir. Lavez et essuyez les figues. Versez 50 centilitres d'eau dans une casserole et faites bouillir.

Mettez le tilleul dans un bol et arrosez-les avec l'eau bouillante. Couvrez et laissez infuser pendant 10 minutes. Filtrez l'infusion obtenue et versez-la dans la casserole. Ajoutez les poires citronnées et faites-les pocher pendant 10 minutes.

À ce moment, ajoutez les figues et poursuivez doucement la cuisson pendant 5 minutes. À la fin de la cuisson, égouttez soigneusement les fruits.

Ajoutez 200 g de sucre dans le liquide de cuisson et faites-le fondre, sans cesser de remuer, à feu moyen. Retirez la casserole du feu, remettez-y les fruits et laissez refroidir complètement la préparation.

Passez les fraises des bois au mixeur et ajoutez un peu de sirop à la purée obtenue afin d'obtenir un coulis. Sucrez à volonté avec les 50 g restants.

Égouttez les figues et coupez-les en deux. Faites de même pour les poires, mais coupez-les en quatre.

Grand-mère conseille

Nappez le fond des assiettes de service avec un peu de coulis de fraises, disposez les figues et les poires et servez à température ambiante.

Rochers à la cannelle

Pour 16 gâteaux – Préparation : 1 h

Ingrédients

- 180 g de raisins secs
- 125 g de farine ordinaire
- 125 g de farine complète
- 60 g de sucre roux
- 60 g de beurre
- 1 œuf
- 6 cuillères à soupe de lait
- 2 cuillères à soupe de yaourt nature
- 2 cuillères à soupe de sucre semoule
- 2 cuillères à café de levure chimique
- 1 cuillère à café de cannelle en poudre
- 1/2 cuillère à café de noix de muscade râpée
- Zeste de citron râpé

Préparation

Préchauffez le four à 220 °C. Beurrez et farinez légèrement deux plaques à four.

Tamisez la farine ordinaire au-dessus d'un bol. Ajoutez la muscade, la levure et une demi-cuillère à café de cannelle. En remuant, ajoutez la farine complète, le sucre roux et le zeste de citron. Ajoutez enfin le beurre en frottant dans les deux farines pour obtenir un mélange granuleux.

Incorporez-y les raisins et creusez un puits au milieu. Versez-y l'œuf, le yaourt et le lait. Mélangez.

Sur les plaques à four, disposez des cuillères à café de cette préparation, en séparant bien les rochers. Enfournez et faites cuire pendant 15 à 20 minutes, jusqu'à ce que les rochers soient levés, dorés et fermes au toucher. Transférez-les sur une grille et laissez refroidir.

Mélangez le sucre semoule avec l'autre demi-cuillère de cannelle et saupoudrez les rochers avec ce mélange avant de les servir.

Grand-mère conseille
Ces rochers doivent être dégustés le jour de leur préparation.

Salade de fruits frais à la camomille

Pour 4 personnes – Préparation : 45 min

Ingrédients

- 6 prunes
- 4 pêches
- 3 pommes
- 3 figues fraîches
- 1 cuillère à soupe de pétales de camomille frais

Pour la tisane de camomille :
- 1 rondelle de citron
- 1 cuillère à thé de fleurs de camomille
- 1 cuillère à thé de miel

Préparation

Lavez soigneusement les fruits. Épluchez ceux qui doivent l'être. Dénoyautez-les ou retirez le cœur si nécessaire. Coupez ensuite tous les fruits en morceaux et versez ceux-ci dans un grand plat creux.

Préparez une tisane de camomille. Mettez une cuillère à thé pleine de fleurs de camomille fraîches ou séchées dans une tasse d'eau bouillante. Couvrez et laissez infuser pendant 20 minutes. Filtrez et ajoutez le miel ainsi que la rondelle de citron. Laissez-la ensuite refroidir complètement.

Une fois qu'elle est refroidie, versez la tisane sur la salade de fruits, mélangez délicatement, parsemez la préparation de pétales de camomille et servez aussitôt.

Grand-mère conseille

Si vous cueillez les fleurs de camomille vous-même, faites-le lorsqu'elles sont bien sèches sinon elles s'abîmeront aussi facilement que rapidement.

Tartare de pommes vertes au miel d'acacia

Pour 4 personnes – Préparation : 15 min + 30 min de réfrigération

Ingrédients

- 4 pommes vertes
- 1/2 citron
- 4 cuillères à soupe de raisins blancs
- 4 cuillères à soupe de miel d'acacia
- Muscade en poudre
- Poivre

Préparation

Pressez le demi-citron et conservez le jus au frais. Épluchez les pommes, retirez les trognons et épépinez-les soigneusement. Coupez-les ensuite grossièrement en morceaux.

Versez le miel d'acacia dans un bol. Ajoutez-y le jus de citron. Mélangez, puis assaisonnez de poivre en prenant soin de goûter et saupoudrez le tout d'une pincée de muscade. Ajoutez les raisins, puis versez le tout sur les morceaux de pommes.

Mélangez rapidement, puis glissez la préparation au frais pendant une demi-heure environ.

Lorsque le tartare de pommes est bien rafraîchi, répartissez-le dans des coupes individuelles et servez aussitôt, très frais.

Grand-mère conseille

Plusieurs variétés de pommes conviennent, mais les Granny-smith sont parfaites pour cette préparation. Même si vous appréciez la lime (autrement dit, le citron vert), privilégiez plutôt un citron jaune pour cette recette : sa saveur convient nettement mieux. Enfin, la réussite de la recette dépendant pour une bonne part de la qualité de votre miel, privilégiez un miel d'acacia artisanal et, si possible, biologique.

Tarte aux pignons de pin

Pour 6 personnes – Préparation : 50 min

Ingrédients

- 250 g de pâte sucrée
- 100 g de pignons de pin
- 4 cuillères à soupe de poudre d'amandes
- 25 cl de crème pâtissière
- Gelée de coings

Préparation

Abaissez la pâte sucrée et garnissez-en un moule de 25 centimètres de diamètre. Étalez dessus une épaisse couche de gelée de coings, puis, en une seule fois, versez la crème pâtissière froide.

Recouvrez l'ensemble de poudre d'amandes. Les trois couches doivent être d'épaisseur régulière.

Terminez la préparation en déposant une couche de pignons de pin, de manière à ce qu'ils recouvrent entièrement la garniture.

Enfournez et faites cuire à 180°C pendant 20 minutes environ. À la fin de la cuisson, la pâte doit être dorée et les pignons doivent avoir blondi.

Grand-mère conseille

Voici comment préparer une crème pâtissière « maison » : cassez un œuf entier dans un bol, ajoutez deux jaunes d'œufs et fouettez avec 70 grammes de sucre. Incorporez 80 grammes de farine et délayez avec 50 centilitres de lait bouillant. Faites cuire le mélange à feu doux jusqu'aux premiers bouillons. Laissez refroidir. Vous pouvez confectionner cette crème à l'avance.

Tofu au miel et aux feuilles d'eucalyptus

Pour 4 personnes – Préparation : 2 h 20 min

Ingrédients

Pour le tofu :
- 200 g de silken tofu
- 100 g de farine complète
- 100 g de miel liquide
- 50 g de farine de froment
- 50 g de fécule de pomme de terre
- 25 g de sucre brun
- 2 œufs
- 3 cuillères à café de baking powder (levure spéciale pâtisserie)
- Sel

Pour le dulce de leche :
- 4 cuillères à soupe de miel d'eucalyptus
- 2 cuillères à soupe de fécule de pomme de terre
- 2 cuillères à soupe d'eau froide
- 50 cl de soja drink
- Quelques feuilles d'eucalyptus séchées

Préparation

Préparez le *dulce de leche*. Faites bouillir le soja drink, ajoutez-y le miel et les feuilles d'eucalyptus. Coupez le feu et laissez infuser pendant 15 minutes. A ce moment, retirez l'eucalyptus et ajoutez la fécule de pomme de terre diluée dans l'eau froide. Posez un couvercle sur le récipient et faites cuire au bain-marie pendant 90 minutes.

Préparez le tofu. Préchauffez le four à 200 °C. Dans un plat, mélangez les farines, la fécule de pomme de terre avec la *baking powder*, le sucre brun et du sel. Dans un bol, mélangez les œufs, le miel et le tofu. Ajoutez cette préparation au mélange de farines. Versez dans un moule à cake et enfournez. Faites cuire pendant 45 minutes. Après 20 minutes de cuisson, baissez la température du four à 180 °C.

Quand le cake est cuit, sortez-le du four et laissez-le refroidir. Démoulez-le et plongez-le dans le *dulce de leche*. Glissez-le au réfrigérateur et laissez-le reposer pendant 30 minutes. Retirez le cake du *dulce de leche* et remettez-le au frigo pendant 90 minutes.

Grand-mère conseille

Lorsque vous servez, ajoutez quelques feuilles d'eucalyptus pour la décoration.

Tourte aux amandes

Pour 6 personnes – Préparation : 1 h

Ingrédients

- 300 g de farine
- 100 g de beurre
- 75 g de sucre en poudre
- 1 œuf
- 1 jaune d'œuf
- 1 sachet de levure

Pour la garniture :
- 100 g d'amandes effilées
- 100 g de poudre d'amandes
- 75 g de sucre en poudre
- 35 g de farine
- 2 jaunes d'œufs
- 50 cl de lait

Préparation

Préparez d'abord la garniture. Battez le sucre, les jaunes d'œufs et la farine. Faites bouillir le lait et versez-le peu à peu sur la préparation. Mélangez jusqu'à obtention d'une crème onctueuse. Ajoutez la poudre d'amandes et faites épaissir à feu doux. Laissez refroidir à température ambiante et glissez au réfrigérateur. Préchauffez le four à 180 °C. Mettez les amandes sur la plaque du four et faites-les dorer. Réservez.

Préparez la pâte. Mélangez la farine et la levure, creusez un puits au milieu. Versez-y le jaune d'œuf, l'œuf, le sucre et le beurre en pommade. Malaxez du bout des doigts jusqu'à obtention d'une pâte souple. Façonnez-la en une boule et séparez-la en deux parties.

Étalez celles-ci en deux ronds. Étalez le premier rond de pâte dans un moule à tarte et garnissez-le avec la crème d'amandes. Recouvrez avec le second rond de pâte et soudez les bords. Enfournez et faites cuire pendant 30 minutes.

À la fin de la cuisson, sortez la tourte du four, laissez-la refroidir et saupoudrez-la d'amandes effilées.

Grand-mère conseille

En accompagnement, prévoyez une confiture de fruits rouges (fraises, cerises…).

CAHIER BOTANIQUE, 50 HERBES ET PLANTES

Acacia

Le mot *acacia* englobe environ 1200 espèces, surtout originaires d'Australie, mais aussi - à l'état sauvage - des régions subtropicales et tropicales d'Amérique et d'Afrique. De nombreuses espèces sont aussi souvent appelées mimosas. Quelques espèces ont été introduites dans divers pays pour leur beauté ou leur intérêt économique.

La culture

Les acacias sont des arbres et arbustes persistants, d'une hauteur variant entre 2 et 25 mètres. Ils préfèrent le soleil, mais supportent une ombre légère. Ils apprécient les sols bien drainés, même s'ils tolèrent la sécheresse. Les graines, très nutritives, sont moulues ou séchées.

L'utilisation

Les graines sont utilisées dans la fabrication de pains et de pâtisseries, ou comme succédané du café.

Ail
(Allium sativum)

Originaire d'Asie centrale, l'ail était consommé en grande quantité par les bâtisseurs des pyramides égyptiennes. Les anciens Grecs, pourtant grands consommateurs aussi, interdisaient l'entrée de leurs temples à ceux dont l'haleine sentait la rose puante (surnom donné à l'ail).

La culture

La culture est annuelle. La plante aime un sol bien drainé et le soleil. Les têtes se conservent suspendues dans un endroit aéré et frais ; les gousses dans un endroit sombre et sec, à température ambiante. La conservation des gousses d'ail blanc est limitée : elles sèchent vite et tombent presque en poussière. L'ail rose, produit notamment à Lautrec et valorisé par un Label Rouge, se conserve d'une récolte à l'autre.

L'utilisation

Condiment parmi les plus utilisés au monde, l'ail agrémente les salades, viandes, crudités, poissons et sauces. On en pique les rôtis, on le hache dans les ragoûts, on en frotte le bord des saladiers...

Grand-mère conseille

Les gousses doivent être serrées et bombées, avec une peau sèche. Évitez les gousses molles ou desséchées ainsi que les germes verts.

Amande
(Prunus dulcis)

Probablement originaire d'Asie centrale, mais cultivée depuis des millénaires dans le Bassin méditerranéen, l'amande était déjà fort appréciée par les Grecs et les Romains de l'Antiquité.

La culture

L'amandier est un arbre à feuilles caduques qui aime le soleil, ainsi que les sols aérés et fertiles. Les amandes « en vert » se récoltent en juillet pour une consommation immédiate. « En sec », elles se récoltent en septembre pour conservation. Les amandes séchées se conservent à l'abri de la lumière et au sec. Fragiles, les amandes fraîches ont une conservation limitée.

L'utilisation

Les amandes douces se dégustent nature. Sèches, effilées, broyées ou hachées, elles aromatisent des desserts, confiseries et pâtisseries, mais aussi des sauces ou des préparations de volaille, riz ou poisson.

Grand-mère conseille

Les amandes amères séchées sont toxiques en grande quantité, car elles contiennent de l'acide cyanhydrique. Elles s'utilisent cependant à faible dose dans les pâtisseries et confiseries.

Aneth
(*Anethum graveolens*)

Les Grecs de l'Antiquité utilisaient l'aneth contre le hoquet, tandis que les gladiateurs romains en consommaient avant les combats. L'aneth était également efficace pour lutter contre les mauvais sorts et constituait un élément essentiel à la fabrication d'un philtre d'amour.

La culture

Facile à cultiver, l'aneth – de la même famille que le persil – peut être planté en pots, sur le balcon, ou en pleine terre, au soleil, dans un endroit abrité. Les feuilles doivent être cueillies avant la floraison et les fleurs avant l'apparition des premières graines.

L'utilisation

L'aneth parfume les salades de concombre, de tomates et de carottes. Dans les pays scandinaves, il accompagne le saumon fumé. On peut ajouter des graines d'aneth aux cornichons et oignons conservés dans le vinaigre.

Grand-mère conseille

Avec ses fleurs jaunes, l'aneth est du plus bel effet près des soucis. En revanche, il faut éviter de le planter à proximité du fenouil : une espèce hybride risque d'apparaître.

Angélique
(Angelica archangelica)

La légende veut que l'ange Gabriel ait fait connaître l'angélique aux hommes afin de les protéger de la peste. De là viennent probablement certains de ses surnoms : « herbe des anges », « herbe du Saint-Esprit »... En outre, de nombreux centenaires attribuaient jadis leur longévité à cette racine qu'ils mâchaient comme de la chique à tabac.

La culture

Sous sa forme sauvage, l'angélique est un arbuste d'environ 2 m de haut, doté de feuilles vertes et de tiges violettes ou rouge foncé. L'angélique exige du soleil, mais ne vit pas plus de deux ans. Si ses feuilles peuvent être récoltées en permanence, ses tiges ne peuvent être utilisées que durant la seconde année de vie de la plante.

L'utilisation

Rafraîchissante, douce et aromatique, l'angélique séchée possède un arrière-goût amer. Les feuilles hachées assaisonnent des soupes de poisson. En Europe du Nord, ses tiges et feuilles sont parfois utilisées comme des légumes.

Grand-mère conseille

Il ne faut pas confondre l'angélique (angelica archangelica) avec l'angélique chinoise (angelica sinensis) dont les utilisations sont différentes, car c'est une herbe médicinale.

Armoise commune
(Artemisia vulgaris)

Le nom scientifique vient de celui de la divinité grecque Artémis, protectrice des vierges et des femmes malades. Dans l'Antiquité, les femmes s'adressaient à elle en cas de problèmes d'enfantement ou de ménopause. Les officiers romains glissaient de l'armoise dans leurs sandales pour protéger leurs pieds lors des longues marches.

La culture

L'armoise aime le soleil et les sols bien drainés. Les jeunes pousses se récoltent en mars-avril, les jeunes feuilles avant la floraison.

L'utilisation

L'extrémité des tiges forme des pousses feuillées juteuses et croquantes qui ont une saveur proche de l'artichaut. On peut les ajouter aux salades ou en faire des beignets. L'armoise accompagne aussi les volailles, viandes et poissons gras.

Grand-mère conseille

L'armoise, aussi appelée « herbe de la Saint-Jean », accélère l'apparition des règles et est déconseillée en cas de grossesse. À fortes doses, elle peut être toxique.

Artichaut
(Cynara scolymus)

Originaire du Bassin méditerranéen, l'artichaut est de la même famille que les chardons. Inconnu à l'état sauvage, ce légume-fleur est cultivé et apprécié depuis l'Antiquité.

La culture

Cette plante vivace qui peut atteindre 1,50 m de haut apprécie les endroits ensoleillés et abrités, mais craint les excès d'humidité. Lors de la récolte, coupez les artichauts au sécateur avant l'ouverture des bractées. Après avoir été blanchis, les fonds peuvent être congelés.

L'utilisation

Les bractées (généralement appelées feuilles) se mangent avec une sauce mousseline ou une vinaigrette. Les fonds se servent en salade, braisés, farcis, gratinés ou sautés.

Grand-mère conseille

Après la cuisson, il faut consommer l'artichaut très rapidement, car il développe des toxines entraînant une fermentation intestinale.

Basilic
(Ocimum basilicum)

Originaire d'Inde, le basilic y était une plante sacrée, offerte à Krishna et Vishnou. Selon la légende, elle aurait poussé autour du tombeau du Christ après sa résurrection. Elle a commencé à se répandre dans le midi de la France au XIIe siècle.

La culture

Il existe plus de 160 variétés de basilic. Cette plante aime la chaleur, le soleil et les arrosages copieux, mais elle redoute le gel. Les feuilles doivent être cueillies jeunes et tendres, de préférence avant floraison.

L'utilisation

Friands de cette herbe au parfum très agréable, les Italiens en agrémentent plusieurs sauces (dont la napolitaine). La cuisine provençale ne peut s'en passer. Le basilic accompagne pâtes, ail, aubergines, tomates crues, omelettes ou moules.

Grand-mère conseille

Il faut éviter toute utilisation médicale lors de la grossesse. La plante peut provoquer certaines irritations de la peau.

Bourrache
(Borrago officinalis)

Le mot *bourrache* viendrait soit d'un mot celtique signifiant courage, soit du français « bourre » car ses feuilles sont velues. La plante a connu plusieurs usages. Homère vante un « vin qui rend oublieux ». Plus tard, la bourrache orne les étriers des croisés. Enfin, les apothicaires d'antan conseillaient un jus d'herbes dépuratif pour nettoyer l'organisme pendant le Carême.

La culture

Poussant à l'état sauvage dans les terres en friche, la bourrache préfère les sols fertiles, peu humides. Ses feuilles se cueillent au printemps et en été.

L'utilisation

Les jeunes feuilles parfument cocktails et boissons fraîches à la menthe. Hachées, elles rehaussent les farces dans la préparation des raviolis.

Grand-mère conseille

L'utilisation de la bourrache peut présenter des risques de réactions cutanées. En utilisation médicale, elle peut endommager le foie. Elle est d'ailleurs interdite dans certains pays.

Camomille romaine
(Chamaemelum nobile)

La camomille exhalant un parfum acidulé semblable à celui des pommes, les Grecs l'ont baptisée *chamaimelon*, ce qui signifie « sol jonché de pommes ».

La culture

La camomille romaine pousse lentement et s'étend largement. Des chemins plantés de la variété *treneague*, serpentant parmi d'autres plantes, sont un régal pour les yeux et l'odorat. Cependant, elle ne donne pas de fleurs et ne convient donc ni en médecine, ni en cuisine.

Les fleurs de camomille épanouies se cueillent en été, tandis que les feuilles se récoltent en toute saison.

L'utilisation

Les variétés fleuries donnent d'excellentes boissons. L'infusion à la camomille, par exemple, est consommée quasiment dans le monde entier ! Autant pour son goût que pour ses nombreuses vertus calmantes et digestives. Elle est idéale à savourer en soirée, avant d'aller dormir.

Grand-mère conseille

Attention ! en lotion, la camomille peut dessécher certaines peaux. Les personnes à tendance allergique ont intérêt à l'éviter.

Cannelle
(Cinnamomum zeylanicum)

Aux XVIIIe et XIXe siècles, les puissances coloniales se livrèrent une véritable guerre de la cannelle. La cannelle de Ceylan, la meilleure du monde, était très convoitée, notamment par les Hollandais. L'Asie et l'Australie totalisent près de 200 arbres et arbustes apparentés au cannelier.

La culture

Le cannelier de Ceylan pousse au Sri Lanka et dans le sud de l'Inde. L'écorce externe est mise à fermenter durant deux jours, puis l'enveloppe intérieure est retirée et séchée. Elle est utilisée en cylindres, réduite en poudre ou distillée pour faire de l'huile.

L'utilisation

Indispensable au punch antillais et aux cuisines nord-africaine et moyen-orientale, la cannelle a un arôme chaleureux. On l'utilise dans la confection de biscuits, de pains, de gâteaux... Elle parfume également sodas, liqueurs et crèmes glacées.

Grand-mère conseille
Privilégiez l'achat de bâtons de cannelle assez fins, marron clair.

Cardamome
(*Elettaria cardamomum*)

Originaire d'Inde et du Sri Lanka, la cardamome est, après le safran et la vanille, l'épice la plus chère du monde et l'une des plus anciennes plantes médicinales. Dans l'Antiquité, les Egyptiens l'utilisaient aussi pour fabriquer des parfums tandis que Grecs et Romains l'employaient en cuisine.

La culture

Cette plante vivace qui peut atteindre 5 m de haut exige une température minimale de 18 °C et une exposition partiellement ombragée. Les feuilles peuvent être congelées.

L'utilisation

Les graines parfument le pilaf, le curry indien, les pickles, les salades de fruits, les pommes au four, des glaces, punchs et crèmes desserts. Les Arabes l'utilisent pour aromatiser le café. Les Scandinaves l'emploient pour rehausser gâteaux, compotes, pains, vins et charcuteries.

Grand-mère conseille

Les graines de cardamome dégagent une odeur très légèrement camphrée, poivrée et citronnée. Elles s'utilisent comme condiment, pour agrémenter des mets salés ou sucrés. Vous pouvez les utiliser entières ou écrasées, mais sans excès : leur puissance aromatique peut être assez forte.

Cardon
(Cynara cardunculus)

Ancêtre de l'artichaut et apparenté au chardon, le cardon a connu des succès divers : apprécié dans l'Antiquité, il a connu une période de désaffection jusqu'à la Renaissance. Il est alors tombé à nouveau dans l'oubli jusqu'au début du XXe siècle. Légume oublié, il refait une timide apparition sur nos tables.

La culture

Il existe plusieurs variétés de cardon qui se distinguent par leur taille, la couleur des feuilles, la présence d'épines et leurs qualités gustatives. Globalement, la plante vivace aime un sol fertile, le soleil et la chaleur.

L'utilisation

Gratinées, cuites à la vapeur, braisées et accompagnées d'un jus de viande, en beignets, revenues au beurre, en purée avec des pommes de terre, poêlées à l'huile… les cardes se prêtent à mille et une utilisations.

Grand-mère conseille

Il existe de nombreuses variétés de ce légume d'hiver à préparer de fort nombreuses manières. Vous pouvez privilégier le cardon d'Espagne qui se reconnaît à sa jolie teinte rouge, ou le cardon de Tours qui est fort épineux, mais surtout très savoureux.

Carvi
(Carum carvi)

Parfois surnommé « cumin des prés » ou « cumin des montagnes », le carvi est utilisé depuis près de 5 000 ans. Il aurait été introduit en Europe par les Turcs au XIIIe siècle. Durant le Moyen Âge, les cuisiniers l'utilisaient abondamment dans la confection des sauces.

La culture

On compte de nombreuses variétés de carvi, notamment le carvi verticillé, protégé en Alsace et en Ile-de-France. Cette plante ombelliforme peut atteindre 1 m de haut. Ses feuilles sont fines et pointues, ses fleurs sont blanches. Cette plante demande un sol humide, beaucoup de soleil et d'espace. Le carvi se récolte en principe au mois de juin, très tôt le matin, lorsque les ombelles se resserrent.

L'utilisation

Avec un goût qui évoque à la fois le persil et le fenouil, le carvi possède une petite saveur exotique agréable. Ses jeunes feuilles fraîches accompagnent les soupes et les salades. Il peut aromatiser certaines choucroutes et divers fromages tels que le gouda. En Allemagne et en Hongrie, il est aussi utilisé en boulangerie et en pâtisserie.

Grand-mère conseille

Attention ! Il ne faut pas confondre le carvi avec le cumin (Cumimum cyminum).

Cerfeuil
(Anthriscus cerefolium)

Originaire du Moyen-Orient, le cerfeuil fait partie des fines herbes, au même titre que la ciboulette, le persil, le basilic, l'estragon... La tradition campagnarde veut que si l'on plante du cerfeuil à proximité immédiate des radis, ceux-ci ont un goût plus prononcé et plus piquant.

La culture

La culture du cerfeuil est facile, tant en pleine terre que sur un balcon, en pots. Cette plante apprécie les situations partiellement ombragées, redoute le gel et les grosses chaleurs.

L'utilisation

La sauce verte lui offre une place privilégiée et la soupe au cerfeuil reste l'un des grands classiques de la cuisine familiale.

Grand-mère conseille

Le cerfeuil frais est aromatique, mais il perd une partie de sa saveur quand il est bouilli ou séché. Il est préférable de l'ajouter en fin de cuisson afin de conserver tout son arôme.

Ciboulette
(Allium schoenoprasum)

La ciboulette (ou civette) fait partie de la même famille que l'ail. Marco Polo aurait découvert et apprécié la ciboulette chinoise, au goût aillé, et l'aurait fait connaître à son retour, en France et en Italie.

La culture

Cette jolie plante mérite une place dans un pot, sur un rebord de fenêtre ou dans une plate-bande du jardin. Elle aime le plein soleil et apprécie un léger ombrage. Il faut cueillir préventivement ses fleurs mauves afin que les feuilles conservent leur saveur. Après floraison, rabattre la plante à ras du sol favorise la pousse de nouvelles feuilles.

L'utilisation

Merveilleuse avec le beurre et le fromage blanc, la ciboulette agrémente sauces, salades, pommes de terre et omelettes. Elle est essentielle à la soupe vichyssoise.

Grand-mère conseille

La ciboulette séchée perd beaucoup de sa saveur. Mais si vous la séchez quand même, faites-le à basse température afin qu'elle conserve sa couleur.

Citronnelle
(Cymbopogon citratus)

Aussi appelée *sereh* ou « verveine des Indes », la citronnelle est commercialisée depuis des siècles sur les marchés flottants du Sud-Est asiatique.

La culture

La citronnelle aime la chaleur, mais ne craint pas la fraîcheur (elle doit cependant être à l'abri dès que la température descend au-dessous de 7°C). Elle peut être cultivée à l'intérieur de la maison, en pot.

L'utilisation

Les feuilles, fraîches ou séchées, agrémentent la cuisine du Sud-Est asiatique. On peut aussi l'utiliser en poudre.

Grand-mère conseille

Faites attention, seuls les dix premiers centimètres de la feuille fraîche ou séchée conviennent pour les infusions et la cuisine. Coupées au ras du sol, les tiges fournissent l'essence de citronnelle.

Coriandre
(Coriandrum sativum)

Originaire de la Méditerranée orientale, la coriandre est cultivée depuis au moins 3 000 ans. Les Romains l'ont acclimatée d'un bout à l'autre de leur empire. Les Grecs de l'époque d'Homère, frappés par son odeur tenace, l'ont baptisée *koriandron*, un mot dérivé de *koris* qui signifie insecte. Chez les Chinois, la plante avait la réputation d'allonger la vie de celui qui la consommait régulièrement.

La culture

Cette ombellifère apprécie le soleil, surtout si elle est à l'abri du vent. Pour recueillir les graines mûres, il suffit de secouer la partie fleurie de la plante.

L'utilisation

Feuilles et graines sont utilisées depuis des millénaires, notamment au Moyen-Orient. Currys, tajines, falafels, salades… lui doivent une part de leurs parfums. Les graines rehaussent aussi la saveur d'un rôti et agrémentent certaines marinades.

Grand-mère conseille

Même si le fenouil a des vertus curatives proches de celle de la coriandre, les deux plantes n'aiment pas être plantées à proximité l'une de l'autre.

Cresson de fontaine
(Nasturtium officinale)

Le cresson a été commercialisé à grande échelle à partir du XIXe siècle. Il a d'abord trôné sur les tables françaises, puis a conquis toutes les cuisines. Aujourd'hui, il est cultivé partout dans le monde.

La culture

Le cresson croît naturellement dans les étangs ou les cours d'eau pour peu que l'eau soit pure et courante. Vous pouvez en cultiver dans un bassin peu profond. Seuls impératifs : changer l'eau chaque semaine, bien fertiliser et arroser généreusement.

L'utilisation

La soupe de cresson est un classique de la cuisine traditionnelle. Le cresson est également excellent en salade - avec des tomates, des anchois et des œufs durs ou avec des darnes de saumon.

Grand-mère conseille

N'achetez que du cresson dont vous connaissez la provenance ! Si les critères qualitatifs de culture ne sont pas respectés, le cresson peut être pollué et transmettre la douve du foie. Ne consommez que le cresson cultivé par vos soins ou un cresson de qualité biologique.

Estragon
(Artemisia dracunculus)

Le nom scientifique de la plante, *dracunculus*, signifie dragon : jadis, l'estragon soignait les morsures de serpents. Il était également appelé serpentine en raison de sa racine torsadée. Ce sont les croisés qui l'ont importé en Europe, de retour du Moyen-Orient.

La culture

Cette plante potagère vivace peut être cultivée en pleine terre, dans le potager, ou en pots. Comme elle n'apprécie pas le froid, cela permet de la rentrer en hiver. Par contre, elle aime le soleil et les sols secs, bien drainés. Les feuilles (qui craignent la rouille) se cueillent de l'été à l'automne, en fonction des besoins.

L'utilisation

Très parfumé, l'estragon est l'une des plantes de base de la cuisine française raffinée. Il accompagne le poulet, les viandes blanches et les œufs, mais parfume aussi diverses sauces. Il aromatise idéalement le vinaigre et peut accompagner les asperges.

Grand-mère conseille

Les femmes enceintes ne doivent pas consommer trop d'estragon durant la grossesse, mais le reste du temps une consommation culinaire normale ne pose en principe aucun problème.

Eucalyptus
(*Eucalyptus sp.*)

Originaire de l'Océanie, le genre *eucalyptus* totalise plus de 500 espèces. Aussi appelés gommiers, les eucalyptus ont été plantés dans plusieurs régions du globe au climat doux, la qualité du bois et la croissance rapide de l'arbre étant de puissants attraits économiques.

La culture

L'eucalyptus aime les situations ensoleillées et abritées.

L'utilisation

L'eucalyptus ne se mange pas en tant que tel. Il se savoure en infusion. Son miel est fort apprécié.

Fenouil
(Foeniculum vulgare)

Les Grecs ont donné le nom de cette plante à une bataille de l'Antiquité, *maratho* signifiant fenouil en grec : la plante poussait en abondance sur le lieu de la bataille. Au Moyen Âge, les mages pendaient des bouquets de fenouil aux portes des maisons pour chasser les mauvais esprits et glissaient des graines de fenouil dans les serrures pour empêcher l'intrusion des revenants.

La culture

Le fenouil fait partie de la famille des ombellifères. Les feuilles vertes donnent leur meilleur arôme au printemps. Les graines sont récoltées après floraison, puis séchées. Le bulbe est anisé tandis que l'herbe possède une saveur plus forte et plus sucrée.

L'utilisation

Le fenouil accompagne poissons et volailles. Il relève aussi nombre de sauces avec une rare subtilité.

Grand-mère conseille

Les graines de fenouil peuvent remplacer les grains de poivre dans le moulin. Elles assaisonneront alors salades et plats de poisson.

Genièvre
(Juniperus communis)

Les baies de genièvre entrent dans la fabrication du gin, mot anglais dérivé du néerlandais *genever* : c'est aux Pays-Bas que l'on a distillé le genièvre pour la première fois. Une boisson traditionnelle en est restée. Au Moyen Âge, on brûlait des baies de genièvre dans les maisons pour en chasser sorcières et mauvais esprits.

La culture

Le genévrier est un arbre touffu, épineux et à croissance lente qui conserve ses aiguilles toute l'année et se couvre de fleurs en été. Les fruits viennent à maturité en trois ans, uniquement sur les plantes femelles.

L'utilisation

Les fruits du genévrier parfument diverses boissons (gin, genièvre, certaines bières...). Une fois écrasés, ils aromatisent marinades, choucroutes, plats de gibier ou de volaille.

Grand-mère conseille

Les femmes enceintes, les personnes souffrant des reins et les sujets très faibles ne doivent pas consommer d'infusion de baies de genièvre. Une cure doit toujours être limitée dans le temps.

Gingembre
(Zingiber officinale)

Cette plante, déjà citée par Confucius il y a plus de 2500 ans, est originaire du Sud-est asiatique. Elle était, avec le piment, l'épice la plus appréciée dans la Rome antique. Sainte Hildegarde pensait que la plante prévenait la peste.

La culture

Les racines de cette plante vivace, lavées, peuvent se conserver plusieurs mois. Séché, le gingembre possède un arôme plus prononcé, car il provient de plantes âgées.

L'utilisation

Dans de nombreux pays tropicaux, le gingembre est une épice courante qui aromatise légumes, poissons, sauces ou plats sucrés. Dans nos régions, il est utilisé par les brasseurs qui en parfument certaines bières (*ginger beer, ginger ale...*), mais aussi dans la confection de biscuits et du pain d'épices.

Grand-mère conseille

N'utilisez surtout pas le gingembre de manière thérapeutique en cas d'ulcère ou d'inflammation intestinale. A doses élevées, il peut provoquer des gastrites.

Laurier sauce
(*Laurus nobilis*)

En Grèce, le temple d'Apollon était orné de lauriers, également appelé lauriers d'Apollon. Les Romains ceignaient le front des vainqueurs – soldats, empereurs, gladiateurs, athlètes...– d'une couronne de laurier tressé. En cas d'orage, l'empereur Tibère en portait une, croyant que le laurier éloignait les éclairs. Lauréat est dérivé de laurier ; c'est ainsi que le mot baccalauréat a été forgé sur l'expression « baie de laurier ».

La culture

Rustique et aisé à tailler selon la forme désirée, le laurier est aussi devenu une plante d'ornement. En Europe tempérée, il faut le planter en pots et sa taille reste modeste. Sur le pourtour méditerranéen, il peut dépasser 15 m de haut.

L'utilisation

Roi des bouquets garnis, il est indispensable à nombre de marinades. Il marque un accord parfait avec le mouton, relève le goût des poissons et parfume le riz.

Grand-mère conseille

Retirez toujours les feuilles de laurier avant de servir vos préparations culinaires.

Lavande
(*Lavandula angustifolia*)

Plante emblématique de la Provence, la lavande existe aussi sous d'autres latitudes. Au total, on compte près de trente espèces disséminées dans nombre de régions. Leurs couleurs varient du violet au blanc.

La culture

Atteignant parfois 90 cm de haut, la lavande est une plante de plein soleil. Elle peut être séchée en bottes, tête en bas, au-dessus d'une feuille de papier qui recueillera les fleurs au fur et à mesure qu'elles tomberont.

L'utilisation

Les fleurs de lavande s'utilisent surtout en pâtisserie. Toutefois, utilisées de la même manière que le thym, elles agrémentent aussi ragoûts et civets. La glace à la lavande est un délice !

Grand-mère conseille

Les personnes diabétiques ou sous insuline, de même que les femmes enceintes doivent éviter d'utiliser la lavande.

Luzerne
(Medicago sativa)

La luzerne semble être une plante quasi universelle. Elle est originaire d'Asie occidentale et du Bassin méditerranéen. Le naturaliste romain Pline affirmait que la plante fut introduite en Grèce par les Perses au Ve siècle avant notre ère. En Arabie, les éleveurs de chevaux en donnaient à manger à leurs bêtes avant une course, afin d'augmenter leur vitesse. Ailleurs encore, la luzerne donnée en fourrage avait la réputation d'accroître la production laitière des vaches.

La culture

Cette plante vivace herbacée aime le soleil et les sols légers. Les graines mettent environ cinq jours pour germer si elles sont conservées au chaud et arrosées deux fois par jour.

L'utilisation

Les feuilles crues et les inflorescences agrémentent les salades composées. Les feuilles peuvent aussi être cuites et dégustées comme des légumes. Accompagnées de feuilles de menthe fraîche, la luzerne peut constituer une excellente tisane, énergétique.

Grand-mère conseille
La luzerne est déconseillée en cas de maladie du système immunitaire.

Marjolaine
(Origanum majorana)

Probablement originaire de l'est du Bassin méditerranéen, la marjolaine était très appréciée par les Grecs de l'Antiquité. Ils pensaient que son parfum était utilisé par Aphrodite et c'est pour cette raison qu'ils couronnaient de fleurs de marjolaine les jeunes couples le jour de leurs noces.

La culture

La plante de la famille des labiacées peut atteindre 60 cm de haut. Elle possède des feuilles rondes et des fleurs qui, la plupart du temps, sont blanches. La récolte s'effectue en été et en automne. Il existe des variétés vivaces et d'autres annuelles.

L'utilisation

Si elle accompagne bien diverses soupes, la marjolaine est également excellente avec les pommes de terre sautées, les volailles grasses et la viande de porc.

Grand-mère conseille

En cuisine, la marjolaine fraîche ne doit être ajoutée qu'au dernier moment à une préparation. Sèche, elle peut être cuite avec les plats, mais durant très peu de temps.

Mélisse officinale
(*Melissa officinalis*)

Le nom de cette plante, qui signifie abeille en grec, rappelle qu'elle attire cet insecte. Au Moyen Âge, la mélisse était jetée sur les sols des châteaux pour embaumer l'atmosphère. La fameuse eau de mélisse a été fabriquée pour la première fois au XVIIe siècle par les Carmes qui étaient établis rue de Vaugirard, à Paris.

La culture

À l'état sauvage, la mélisse pousse souvent parmi les herbes folles, près des lieux habités. Cultivée, la plante est aussi utile que décorative. Cette plante vivace peut atteindre 1 m de haut.

L'utilisation

Les feuilles de mélisse fraîches et hachées agrémentent les salades et les soupes. En Belgique et aux Pays-Bas, la mélisse entre parfois dans la marinade des harengs et des anguilles.

Grand-mère conseille

Privilégiez les feuilles fraîches. Séchées, elles perdent une partie de leur parfum et de leurs vertus thérapeutiques.

Menthe
(Mentha spicata)

Symbole de sagesse dans la tradition populaire, la menthe était déjà appréciée par les gourmets de la Rome antique. Elle reste l'une des plantes aromatiques les plus populaires.

La culture

La menthe aime le soleil et une ombre partielle. Elle peut vite devenir envahissante ; c'est pourquoi il est conseillé de la cultiver en pots afin de maîtriser sa croissance. Ses feuilles peuvent être séchées. Toutes les variétés de menthe renferment du menthol qui leur donne leur parfum et leur goût spécifiques.

L'utilisation

La menthe parfume les plats de mouton en Angleterre, mais elle est aussi indispensable au taboulé moyen-oriental, au tzatziki grec... Elle aromatise salades, sauces, vinaigres, légumes et desserts. Le thé à la menthe est emblématique de l'Afrique du Nord et du Proche-Orient.

Grand-mère conseille

Menthe commune ou menthe poivrée ? Tout dépend de votre goût ou de votre envie du moment. La première présente l'avantage d'être plus douce que la seconde qui, elle, convient bien pour le traditionnel thé à la menthe.

Moutarde noire
(Brassica nigra)

L'origine du mot *moutarde* est controversée. Pour les uns, il s'agit de la déformation du celte *mwstardd* signifiant « qui émet une forte odeur ». Pour d'autres, c'est la contraction des termes latins *mustum* (moût) et *ardor* (chaleur). Toutefois, beaucoup de Dijonnais estiment que ce mot vient de la devise des ducs de Bourgogne : « *Moult me tarde* », devise que les moutardiers apposaient jadis sur leurs pots.

La culture

De la famille des crucifèracées, la moutarde est récoltée toute l'année. La moutarde noire peut atteindre 2 m de haut et porte des cosses qui renferment les graines.

L'utilisation

Les moutardes européennes sont fabriquées avec des graines de moutarde noire et de moutarde brune (*Brassica juncea*) ; la moutarde des champs (*Sinapsis arvensis*) étant souvent considérée comme une « mauvaise herbe ». La moutarde est l'un des assaisonnements les plus utilisés dans le monde. Il en existe d'innombrables variétés : aromatisées, à l'ancienne, forte ou plus douce...

Oignon
(Allium cepa)

Originaire d'Asie centrale, l'oignon était déjà cultivé par les Grecs, les Romains et les Egyptiens : on a retrouvé des oignons dans de nombreux sarcophages.

La culture

Cette plante bisannuelle aime le soleil. Séchez les bulbes avant de les stocker au sec.

L'utilisation

Les usages de l'oignon, cru ou cuit, sont quasiment sans limites : soupes, sauces, préparations pour pizzas, salades, ragoûts... Il accompagne légumes, poissons, volailles, viandes rouges ou blanches et gibiers. Les petits oignons blancs au vinaigre font un excellent condiment.

Origan
(Origanum vulgare)

L'origan, qui se décline en une vingtaine d'espèces dont plusieurs hybrides, doit son nom aux Grecs qui l'ont baptisé « herbe amère ». Mais la plante est utilisée depuis longtemps dans de nombreuses régions, notamment en Egypte où ses propriétés antiseptiques étaient déjà connues du temps des pharaons.

La culture

Facile à cultiver, l'origan aime le soleil et un sol bien drainé. Il est parfait dans les plates-bandes. Les feuilles nouvelles se cueillent toute l'année, les autres se récoltent entre juin et août. Une précaution : l'origan attire les insectes, il est donc préférable de le planter loin de votre maison ou de votre terrasse.

L'utilisation

L'origan est indispensable au bouquet garni. Séché, il parfume diverses sauces, mais aussi goulasch, chili, crudités et salades.

Oseille
(Rumex acetosa)

Utilisée en médecine naturelle depuis l'Antiquité, l'oseille fait son apparition en cuisine au Moyen Âge. Son nom latin, *rumex*, signifie « fer de lance » : une appellation qui rappelle la forme caractéristique de ses feuilles.

La culture

Cette plante vivace apprécie le soleil ou une ombre légère. Les feuilles se récoltent jusqu'aux premières gelées. Pour vous assurer un approvisionnement hivernal, plantez de l'oseille en pots et remisez ceux-ci à l'abri du gel.

L'utilisation

Hachées, les feuilles d'oseille agrémentent salades, soupes, purées et diverses sauces : mayonnaise, sauce blanche... Blanchies et croquantes, elles accompagnent le poisson pané. L'oseille peut aussi être consommée comme une plante aromatique ou en tant que légume.

Grand-mère conseille

L'oseille est fortement déconseillée aux personnes souffrant de calculs rénaux, de troubles hépatiques ou arthritiques. Plus généralement, il faut éviter de la consommer en grande quantité.

Persil
(Petroselinum crispum)

D'origine méditerranéenne, le persil est aujourd'hui cultivé dans toute l'Europe. Les Romains de l'Antiquité l'utilisaient déjà en cuisine et, plus tard, la plante fut aussi appréciée pour ses attraits thérapeutiques.

La culture

On cultive essentiellement le persil frisé et deux autres variétés aux feuilles plates et à la saveur plus prononcée. Le persil est une plante bisannuelle que l'on cultive facilement en pots, dans un endroit ensoleillé et aéré.

L'utilisation

Le persil parfume et décore les salades, renforce la saveur des œufs durs, du poisson et de nombreuses sauces. Il entre aussi dans la composition de la farce pour escargots et dans de nombreuses préparations telles que le taboulé.

Grand-mère conseille

Ne proposez pas de persil aux personnes ayant des problèmes rénaux ou des ulcères gastriques, ainsi qu'aux femmes enceintes, car il leur serait néfaste. Il ne faut pas le confondre avec le faux persil (ou petite ciguë), qui ressemble au persil à feuilles plates, mais qui est nocif.

Piment
(Capsicum)

Depuis longtemps, les Aztèques mettaient du piment dans leur chocolat afin d'en corser le goût. Il faudra attendre le XVe siècle et les découvertes de Christophe Colomb pour voir apparaître les premiers plants en Europe. Le nom botanique de la plante vient du latin *capsa* qui signifie « boîte », en référence à l'enveloppe creuse contenant les graines.

La culture

En fonction des variétés, les piments se cueillent mûrs ou immatures. En mûrissant, ils changent de couleur et développent des saveurs différentes, plus douces ou plus prononcées.

L'utilisation

Contrairement au poivron, le piment ne connaît que le seul usage gastronomique. Il peut être utilisé frais, séché ou en conserve, entier ou en poudre, dans un grand nombre de préparations. Si le piment mexicain *serrano*, le piment *habanero* (utilisé en cuisine antillaise), le piment *red chili* (cultivé au Nouveau-Mexique) et le petit piment d'Asie méritent tous que l'on s'y attarde, la variété la plus connue reste le piment de Cayenne : un petit fruit très piquant, rouge lorsqu'il est à maturité, que l'on utilise séché et pulvérisé.

Grand-mère conseille

Lavez-vous soigneusement les mains après avoir manipulé des piments. Ne vous frottez surtout pas les yeux avec des doigts qui viennent de travailler des piments.

Pin sylvestre
(Pinus sylvestris)

Au Ve siècle, la pharmacopée chinoise comptait déjà des préparations à base de pin. Au Proche-Orient, la térébenthine extraite du pin d'Alep (*Pinus helepensis*) possède les mêmes applications médicinales que celles du pin sylvestre. En Occident, c'est ce dernier qui est le plus populaire.

La culture

Le pin sylvestre, qui peut atteindre 35 m de haut et vivre 600 ans, aime la lumière, mais ne craint ni la sécheresse, ni le gel. Il s'accommode de tous les sols.

L'utilisation

Les graines du pin pignon (*Pinus pinea*) servent à la confection de salades, de nougat, de gâteaux...

Pissenlit
(Taraxacum Officinale)

La première mention du pissenlit remonte à 1546 : il est alors repris dans l'herbier de Jérôme Bock sous la rubrique « plante médicinale ». Le pissenlit gommeux était cultivé dans l'ex-URSS : il produisait du caoutchouc que l'industrie transformait ensuite en pneus.

La culture

Le pissenlit pousse dans la plupart des sols, jusqu'à 2000 m d'altitude. Il apprécie particulièrement les endroits ensoleillés.

L'utilisation

Les jeunes feuilles se dégustent crues, en salade. Les feuilles plus dures font une excellente soupe. On peut aussi déguster le pissenlit à la manière des épinards, cuits à l'étuvée. Au Japon, la racine est appréciée en beignets. Marinées dans l'eau-de-vie, les fleurs font un vin original.

Poivre
(Piper nigrum)

Connu depuis l'Antiquité et cultivé dans les régions tropicales, le poivre est l'épice la plus utilisée en Occident. Il servit longtemps de monnaie d'échange. À certaines époques, sa valeur atteignait celle de l'or.

La culture

Le poivrier ne supporte que les zones tropicales, avec une température d'au moins 16 ou 17 °C. Le poivre noir provient des grains cueillis avant maturité, mis à fermenter et séchés au soleil. Le poivre blanc est obtenu en cueillant les grains à maturité. Ils sont débarrassés de leur enveloppe et séchés au soleil. Le poivre vert est issu des grains ramassés avant qu'ils soient mûrs. Le poivre rose n'est pas un « vrai » poivre et provient d'un arbre sud-américain.

L'utilisation

Les poivres blancs et noirs parfument les marinades et les courts-bouillons. Le poivre vert permet de réaliser une sauce succulente, surtout avec du canard, du veau et des poissons grillés. On peut aussi l'utiliser pour aromatiser sauces exotiques et salades.

Poivron
(Capsicum annuum)

Les poivrons sont verts avant maturité et deviennent jaunes ou rouges en mûrissant. Il existe même des variétés à fruits bruns, violets ou lilas. Originaires d'Amérique centrale et d'Amérique du Sud, les poivrons sont surtout cultivés pour la consommation, même si certaines espèces sont purement ornementales.

La culture

Les différentes sortes de piments, dont les poivrons, proviennent de deux espèces proches : le *Capsicum annuum* et le *Capsicum frutescens*. Ils apprécient tous un grand ensoleillement et des sols riches, bien drainés. Ainsi, le gel leur est fatal.

L'utilisation

Les poivrons (que les Italiens surnomment *cornetto di corallo*, ce qui signifie « corne de corail ») se dégustent crus, en salade. Lorsqu'ils sont cuits, ils sont succulents farcis, en ratatouille, en piperade, macérés à l'huile d'olive et passés au gril ou en accompagnement de viandes ou de poissons.

Grand-mère conseille

La peau des poivrons étant dure et parfois indigeste, il est recommandé de l'éliminer avant consommation.

Pourpier
(*Portulaca oleracea*)

Le pourpier pousse souvent à l'état sauvage, d'où sa réputation de mauvaise herbe. Il est pourtant employé en médecine naturelle, comme herbe condimentaire et comme légume depuis plus de 2000 ans dans diverses régions du monde. En Occident, au Moyen Âge, la plante protégeait des esprits maléfiques.

La culture

Le pourpier pousse à l'état sauvage, dans les champs, près des cours d'eau et dans les friches.

L'utilisation

Les tiges et les feuilles crues permettent de réaliser de belles salades composées. Hachées, elles accompagnent le fromage blanc. Cuites, elles constituent une bonne soupe, se préparent comme les épinards ou sont marinées au vinaigre, comme condiment.

Grand-mère conseille

L'utilisation de cette plante est vivement déconseillée pendant la grossesse.

Romarin
(Rosmarinus officinalis)

Caractéristique des garrigues du Midi, le romarin est connu et utilisé depuis des siècles. Une légende affirme que, durant la fuite en Égypte, la Vierge se serait cachée derrière un buisson de romarin dont les fleurs, qui étaient jusqu'alors blanches, devinrent bleues, comme son manteau.

La culture

Comme il se taille facilement, le romarin peut être planté à l'angle d'un massif ou d'une bordure. Il se plaît dans un environnement sec et ensoleillé, à l'abri du froid.

L'utilisation

Le romarin parfume les viandes grillées ou rôties (surtout l'agneau) et le poisson. Il aromatise aussi le vinaigre et l'huile d'olive.

Grand-mère conseille

Toxique à fortes doses, le romarin est déconseillé aux femmes enceintes ou qui allaitent, et aux épileptiques.

Roquette
(*Eruca vesicaria sp. Sativa*)

La roquette est aussi surnommée « roquette romaine » parce que les Romains de l'Antiquité en étaient friands. En revanche, plus tard, la plante fut interdite dans les jardins et les potagers des couvents : elle avait en effet la réputation d'être un aphrodisiaque particulièrement efficace.

La culture

La roquette aime le soleil ainsi que les sols riches et humides. Pour pouvoir être utilisées en cuisine, les feuilles doivent être cueillies avant la floraison : c'est à ce moment-là qu'elles sont les plus succulentes.

L'utilisation

La meilleure manière d'apprécier le goût prononcé de la roquette est de la savourer en salade. La cuisine méditerranéenne en fait usage dans certains mescluns. Cependant, elle rehausse aussi les préparations de pâtes : les Italiens l'apprécient dans une sauce à la tomate déjà agréablement relevée.

Grand-mère conseille

Si vous cultivez de la roquette — encore parfois appelée « roquette cultivée » — faites attention aux pucerons : la plante y est particulièrement sensible.

Safran
(Crocus sativus)

Aujourd'hui cultivé en Espagne, Italie, Grèce, Turquie, Iran et Afghanistan, le safran, originaire d'Asie Mineure, était déjà utilisé par les Égyptiens, les Grecs et les Romains de l'Antiquité. C'est aujourd'hui l'épice la plus chère du monde : 150 000 fleurs traitées à la main sont nécessaires pour produire un kilo d'épice. Seuls, les stigmates rouge orangé de chaque fleur sont employés.

La culture

Proche du crocus, le safran aime le soleil et les situations abritées. Néanmoins, contrairement au crocus qui fleurit au printemps, les fleurs de safran n'apparaissent qu'à la fin de l'été.

L'utilisation

Utilisé pour parfumer la chartreuse, le safran est surtout employé pour colorer et parfumer certains plats orientaux, des préparations au riz, des crèmes et gâteaux, des pains et desserts,...

Grand-mère conseille

Comme les pistils de safran perdent vite leur saveur, ne les incorporez jamais à une sauce très chaude. Mélangez-les toujours préalablement à un peu d'eau tiède.

Sarrasin
(Fagopyrum esculentum)

Originaire d'Asie, le sarrasin doit pourtant son nom aux Arabes. Il est cultivé depuis des temps immémoriaux et demeure encore connu sous le nom de blé noir.

La culture

Cette plante annuelle rustique aime les situations ensoleillées et les sols pauvres. Les feuilles et fleurs se cueillent au printemps et les graines à maturité. Pour un usage culinaire, les grains peuvent être conservés entiers ou moulus.

L'utilisation

Les jeunes feuilles étaient jadis consommées comme légume, tandis qu'aujourd'hui les grains de sarrasin sont parfois utilisés pour fabriquer de la bière. La farine de sarrasin est utilisée dans certaines bouillies, mais aussi dans la confection de gâteaux et de galettes. Les Japonais apprécient nouilles et boulettes de sarrasin.

Sarriette
(Satureja montana)

Originaire de l'est du Bassin méditerranéen et des bords de la Mer Noire, la sarriette est appréciée autant pour ses attraits culinaires que pour ses propriétés thérapeutiques, la beauté de ses fleurs ou ses vertus aphrodisiaques.

La culture

Généralement, la sarriette aime les sols légèrement perméables. Elle a l'avantage de ne nécessiter que peu d'apports d'engrais. D'une hauteur d'environ 80 cm, elle produit des fleurs rose-blanc. Quant à la sarriette d'été (qui est une variété annuelle), elle dévoile des fleurs blanc-lilas.

L'utilisation

Idéale pour rehausser les haricots, la sarriette convient aussi à la plupart des autres légumes secs. Son goût presque poivré lui permet de remplacer l'origan pour accompagner l'agneau et d'être servie avec des haricots verts ou certaines salades.

Grand-mère conseille

Utilisez de préférence des branches entières et jetez-les juste avant de servir la préparation. La sarriette fraîche est plus douce que la sarriette séchée.

Sauge
(Salvia officinalis)

Le nom latin de cette plante originaire des rivages méditerranéens, *salvia*, vient d'un mot qui signifie soigner ou sauver. Dans l'Antiquité, les Romains, qui estimaient que la sauge avait le pouvoir d'allonger la vie et d'entretenir la mémoire des personnes âgées, la considéraient comme une plante sacrée.

La culture

La sauge se plaît en bordures ou en pots, en plein soleil. Les feuilles fraîches doivent être cueillies avant la floraison.

L'utilisation

Le goût des feuilles se marie bien avec le porc, le veau, le gibier et les farces pour volailles. Les fleurs de sauge assaisonnent certaines salades, aromatisent l'huile et le vinaigre.

Grand-mère conseille

Les femmes enceintes ou qui allaitent doivent éviter d'utiliser de la sauge. La plante contient aussi une substance qui peut déclencher des crises chez les épileptiques.

Thym
(*Thymus vulgaris*)

Surnommé *farigoule* par les Provençaux, le thym était déjà utilisé par les Égyptiens pour les embaumements. Les Grecs lui ont donné son nom qui signifie courage. Sans doute est-ce là l'une des raisons pour lesquelles les légionnaires romains s'en enduisaient le corps avant les batailles.

La culture

Le thym pousse en mini-buissons sur les terrains rocailleux. C'est une plante amie dans le potager : mis en terre près des choux, il en éloigne les parasites et autres nuisibles.

L'utilisation

Le thym est utilisé frais ou séché. Dans le second cas, il s'utilise en bouquet garni. Frais, il accommode certaines sauces pour salades, farces pour volailles... Il rehausse aussi la saveur de certains poissons et peut agrémenter l'huile d'olive. Il se marie bien avec le porc et le poulet.

Grand-mère conseille

Original : n'hésitez pas à aromatiser un miel de qualité avec du thym. Non seulement c'est délicieux et facile à réaliser, mais cette préparation a aussi l'avantage de calmer les maux de gorge.

Tilleul commun
(Tilia X europea)

Le tilleul a été utilisé thérapeutiquement avant de faire partie des recettes de cuisine. Pline l'Ancien recommandait son écorce, mélangée à du vinaigre, pour soigner la peau. Au Moyen Âge, un morceau de tilleul entouré d'une toile d'araignée et glissé sous une bague à pierre verte préservait de la peste. Pour l'herboriste Nicholas Culpeper, la plante traitait l'épilepsie, les palpitations et les vertiges.

La culture

Les fleurs de tilleul doivent être cueillies avec les bractées en juin et juillet. Pour les faire sécher, il faut les étaler à l'ombre, puis les conserver dans un bocal hermétique.

L'utilisation

Les feuilles crues peuvent servir de base à diverses salades. Cuites, elles épaississent des soupes. Les fleurs de tilleul aromatisent crèmes, desserts, salades de fruits et certaines boissons.

Tournesol
(Helianthus annuus)

Les Aztèques couronnaient les prêtresses du soleil avec les fleurs de tournesol. Cependant, il a fallu attendre le XVIe siècle pour que ces fleurs fassent leur apparition en Europe. Son nom scientifique est dérivé du mot grec *helios* qui signifie soleil.

La culture

Le soleil est vital pour cette plante dont la fleur est toujours tournée vers l'astre du jour : vers l'est le matin, vers l'ouest le soir. Le tournesol se cultive facilement dans une terre grasse et bien drainée.

L'utilisation

Les graines contiennent de savoureuses amandes à consommer crues ou grillées. Lorsqu'elles sont torréfiées, elles fournissent un succédané de café.

Grand-mère conseille

Une autre utilisation des graines de tournesol : n'hésitez pas à les faire germer, puis agrémentez-en les salades et ajoutez-les à vos sandwichs.

Lexique des principaux termes de cuisine utilisés

Abaisse : morceau de pâte étendue et amincie au rouleau, servant à foncer un moule.
Appareil : ensemble des ingrédients mélangés servant à la confection d'un plat.

Barder : envelopper une volaille, un gibier ou un poisson de fines tranches de lard.
Beurre blanc : sauce au beurre prévue pour accompagner les poissons.
Blanchir : passer rapidement un aliment (légumes, crustacés, ...) à l'eau bouillante afin de l'attendrir ou pour lui enlever son âcreté.
Bouquet garni : assemblage d'herbes et de plantes aromatiques ficelées ensemble.
Braiser : faire cuire à feu doux et à l'étouffée, généralement avec un corps gras, dans une casserole couverte.
Brider : maintenir les membres d'une volaille à l'aide d'une ficelle alimentaire afin que la volaille conserve sa forme durant la cuisson.
Brunoise : légumes coupés en petits dés d'environ un demi-centimètre de côté.

Cheminée : trou pratiqué à la surface d'une croûte à tourte ou à pâté
Chiffonnade : feuilles de salade ou d'endives taillées à cru en très minces lanières.
Chinois : passoire fine de forme conique.
Court-bouillon : bouillon épicé et aromatisé, généralement à base d'eau et de vin blanc, que l'on utilise pour cuire les crustacés ou les poissons.

Darne : tranche de poisson coupé à cru.

Déglacer : détacher au moyen d'un peu de vin ou d'eau le jus concentré d'une viande.

Dégraisser : enlever la graisse qui surnage à la surface de certains plats.

Dessécher : rendre une pâte ou une autre préparation plus sèche en la travaillant à feu doux à la spatule.

Dorer : badigeonner une pâte avec du jaune d'oeuf battu afin qu'elle dore à la cuisson.

Dresser : disposer une préparation sur plat ou sur assiette.

Ébarber : retirer la partie débordante des huîtres, moules ou poissons.

Écumer : enlever l'écume mousseuse formée à la surface d'une préparation pendant la cuisson.

Effiler : couper en fines lamelles.

Émincer : couper en tranches minces les légumes, viandes...

Étouffée : manière de cuire un plat, lentement, à couvert, avec un peu de corps gras et le jus de cuisson.

Farcir : remplir l'intérieur d'une volaille, d'un poisson... avec de la farce, du riz...

Flamber : passer rapidement une volaille au-dessus d'une flamme afin de brûler les duvets. Autre acceptation : verser de l'alcool brûlant sur une préparation chaude avant de l'enflammer.

Foncer : garnir un moule avec une abaisse de pâte.

Fond : jus ou bouillon de cuisson d'une viande, d'un poisson...

Fontaine : creux formé dans la farine afin de pouvoir y disposer certains ingrédients (œuf, beurre fondu...).

Glacer : colorer un mets, lui donner un aspect brillant en le passant quelques instants sous le grilloir du four après l'avoir arrosé de beurre ou de jus de cuisson. Autre acceptation : en pâtisserie, recouvrir d'un mélange à base de sucre glace.

Gratiner : passer un mets au four après l'avoir saupoudré de chapelure ou de fromage râpé, afin de lui faire prendre une belle couleur dorée et de donner à la chapelure ou au fromage râpé l'aspect d'une croûte.

Julienne : bâtonnets de légumes d'environ 3 à 5 centimètres de long et d'un demi centimètre d'épaisseur.

Larder : piquer une viande de petits morceaux de lard.

Lier : épaissir, en fin de cuisson, une préparation liquide en lui incorporant de la farine, du jaune d'œuf ou de la maïzena.

Macérer : laisser séjourner pendant un certain temps dans un liquide.

Marinade : ensemble composé d'un vin aromatisé et de diverses herbes et plantes aromatiques (ail, oignon, thym, laurier, clous de girofle...).

Mariner : laisser tremper dans une marinade afin d'offrir plus d'arôme et d'attendrir.

Mijoter : faire cuire lentement et doucement.

Monder : ôter la fine pellicule qui recouvre les amandes, noisettes... après les avoir écalées.

Monter : travailler une sauce afin de la rendre soit consistante, soit mousseuse. Autre acceptation : battre les blancs d'oeufs en neige, au fouet.

Mouiller : ajouter un peu d'eau, de vin ou de bouillon à divers ingrédients afin de les faire cuire.

Napper : recouvrir un mets chaud ou froid de sauce ou de gelée.

Paner : rouler un ingrédient dans la chapelure avant de le faire frire ou sauter.

Papillote : feuille de papier d'aluminium ou de papier sulfurisé avec lequel on enveloppe certains ingrédients (du poisson par exemple) avant de les enfourner.

Parer : débarrasser un ingrédient (viande, par exemple) des matières superflues (graisse, peau...).

Pincer : colorer les légumes, volailles... très légèrement au four avant de les mouiller.

Piquer : piquer une viande, une volaille... de petits morceaux de lard, truffes...

Pocher : cuire un ingrédient dans un liquide juste frémissant.

Réduire : faire bouillir une sauce ou un fond à découvert afin de le laisser partiellement évaporer et de le rendre plus corsé.

Réserver : conserver à l'écart un ingrédient ou une préparation en vue d'une utilisation ultérieure en cours de recette.

Revenir : faire sauter assez vivement dans un corps gras une viande, un légume... que l'on veut colorer sur toutes les faces.

Rissoler : opération presque identique à la précédente, mais qui donne une plus forte coloration.

Roux : mélange de farine et de beurre que l'on cuit plus ou moins longtemps en fonction de la couleur que l'on désire lui donner (blanc, blond ou brun).

Saisir : poser une viande sur un feu très vif afin de lui conserver tous ses sucs.

Sauter : cuire une viande ou un légume dans un corps gras, à la poêle ou dans une sauteuse.

Suer : précuire dans un corps gras, à couvert et à feu doux, jusqu'à ce que le jus de viande commence à perler.

Index alphabétique des herbes et plantes

A
Acacia 106, 124, 131
Ail 14, 27, 29, 40, 48, 50, 53, 56, 59, 61, 64, 69, 70, 72, 73, 83, 86, 95, 96, 99, 100, 132
Amande 32, 107, 110, 125, 127, 133
Aneth 77, 86, 89, 91, 134
Angélique 105, 112, 135
Armoise 51, 120, 136
Artichaut 27, 69, 70, 137

B
Basilic 14, 28, 37, 39, 51, 138
Bourrache 32, 86, 139

C
Camomille 41, 123, 140
Cannelle 95, 111, 113, 117, 122, 141
Cardamome 142
Cardon 73, 74, 143
Carvi 21, 72, 144
Cerfeuil 15, 78, 145
Ciboulette 28, 41, 42, 55, 61, 146
Citronnelle 38, 61, 147

Coriandre 41, 45, 70, 81, 101, 148
Cresson 48, 97, 149

E
Estragon 52, 86, 100, 150
Eucalyptus 62, 126, 151

F
Fenouil 79, 91, 120, 152

G
Genièvre 46, 83, 153
Gingembre 13, 53, 76, 101, 154

L
Laurier 22, 54, 59, 79, 155
Lavande 95, 109, 115, 156
Luzerne 20, 26, 157

M
Marjolaine 19, 51, 84, 158
Mélisse 13, 35, 159
Menthe 70, 86, 116, 119, 160
Moutarde 31, 47, 52, 54, 87, 100, 161

O

Oignon 14, 26, 29, 51, 56, 59, 60, 69, 70, 73, 79, 81, 84, 86, 90, 92, 95, 99, 100, 162

Origan 27, 60, 163

Oseille 16, 80, 164

P

Persil 29, 40, 49, 54, 60, 64, 69, 73, 81, 84, 98, 165

Piment 14, 21, 55, 59, 60, 61, 75, 166

Pin 71, 125, 167

Pissenlit 87, 88, 168

Poivre 65, 99, 169

Poivron 14, 50, 53, 81, 170

Pourpier 85, 90, 171

R

Romarin 48, 49, 54, 59, 64, 172

Roquette 24, 25, 173

S

Safran 59, 114, 174

Sarrasin 23, 113, 175

Sarriette 36, 118, 176

Sauge 54, 63, 82, 177

T

Thym 26, 36, 39, 48, 56, 81, 118, 178

Tilleul 110, 121, 179

Tournesol 108, 180

www.ingramcontent.com/pod-product-compliance
Lightning Source LLC
Chambersburg PA
CBHW061646040426
42446CB00010B/1601